말씀에
묻다

성경에 대한
참으로 인간적인 질문과 응답

말씀에
묻다

성경에 대한
참으로 인간적인 질문과 응답

김영수 지음

리북

고통의 열매

영수 형을 처음 만난 곳은 신학대학원 강의실이었다. 불편한 걸음걸이에 약간은 어눌한 말씨지만 신학을 공부하는 자리에서는 결코 도전을 주저하지 않는 모습이었다. 또한, 누구 하나 대충 대하지 않는, 사람에 대한 관심이 놀라울 정도로 많았다. 무엇이 이분을 이러한 열정으로 이끄는지 궁금했으나 그 궁금증은 곧 풀렸다. 2017년 형의 자전 에세이 『이제야 당신을 뵈었습니다』 출간 이후에도 나는 형에게 글쓰기를 적극 권했지만, 사실 형의 글을 볼 때마다 두렵고 힘이 많이 든다. 힘차게 논지를 전개하는 글에 언뜻 묻어나는 진한 슬픔 때문이다.

형은 이 책에서 성경을 읽으면서 형의 이름만큼이나 흔한 보통 사람들이 가져봄직한 질문들을 던지고 있다. 모르는 것을 알려고 하는 질문이 아니라 성경 앞에 제대로 마주하여 서도록 이끄는 질문이다. 독일 신학자 라너는 복음을 일상의 매 순간 하느님 앞에 서도록 하는 '물음'이라고 하였다. 성경은 하느님께서 먼저 알고 계시는 것을 우리에게 알려 주는 비밀스런 책이 아니라, 내가 살아 내고 있는 지금 여기의 일상에서 하느님을 경험하도록 질문을 던지는 것이라는 설명이다. 형은 이 작업을 이 책에서 해내고 있다. 우리가 쉽게 이해하기 곤란한 성경 내용에 관한 질문에 이어, 우리 주변의 어느 곳에서나 볼 수 있는 보통 사람의 마음에서 바라보는 성찰적 해석이 따른다.

그것은 우리의 인간적 한계를 바라보는 것이다. 감당할 수 없는 시련 앞에 선 인간의 모습이 있고, 품삯의 불공정을 항의하는 이기적 인간, 신의를 저버리고 주님을 팔아넘기는 우리의 모습이 있다. 그리고 하느님의 요청 앞에서 우리의 믿음이란 것이 너무 보잘것없다는 자괴감에 도달한다. 하느님께서 무엇인가 해결해 주시기를 기대했던 우리는 마침내 "하느님께 던진 질문은 여전히 답이 없이 남아 있다."(p.40)고 절망하기에 이른다. 그렇지만 절망으로 끝날 수만은 없는 인간은 결국 "온전히 하느님을 이해하지 못하여도 받아들일 수밖에 없습니다."라는 고백, "이해할 수 없지만 순종해야 하는 것이 신앙인의 숙명"(p.69)이라는 고백에 이른다.

형에게 이러한 고백이 일어나기까지 뼈에 사무치는 고통의 과정이 있었음을 알 수 있다. 외동딸을 잃은 슬픔으로 말미암아 하느님께 질문을 무수히 던지며 이해할 수 없는 하느님의 뜻에 대하여 저항하였지만, 마침내 "리디아의 죽음은 … 엄청난 슬픔이지만, 하느님의 눈으로 보면 다른 의미가 있을 것이라 생각합니다."(p.138)라며 투항하고 만다. 딸의 죽음 이후 닥쳐온 본인의 발

병을 그 죽음 앞에서 되새겨 보는 것은 오히려 죄스러울 뿐이다. 그 죽음의 슬픔을 승화시켜 성경 속 리디아를 들여다보며 "이 리디아에 대한 이야기는 하늘 나라에 있는 제 딸 리디아에게 들려주는 이야기입니다."(p.167)라며, 다시 딸과 만나고 있다. 성경 말씀에 대한 물음에서 비롯된 그리스도와의 만남은 이제 애틋하기만 한 딸과의 만남으로 확장되어, 지금 이 현실의 시공간을 넘어 실존으로 살아 있도록 한다.

나에게는 이 책이 그냥 단순히 성경에 관해 해석한 것으로 보이지 않는다. 형의 짙은 슬픔이 하느님께 대한 체험으로 승화되어 한 방울 한 방울 결정을 이룬 "고통의 열매"(p.189)이다. 하지만 형은 이 작업이 보람 있었다고 전한다. 그것은 '질문'을 통해 형의 현실적 삶에서 실존으로 만나게 된 하느님의 은총의 힘이 아닐까? "이 복음은 딸아이를 하늘 나라에 보내고 절망의 밑바닥에서 또다시 파킨슨병이 발병하여 이중의 고통을 당할 때 저를 위로하고 … 용기와 … 힘을 얻게 해 주었습니다."(p.184)

형의 열매가 이 세상을 살면서 시련을 겪고 있는 많은 사람에게 주님의 은총을 전하는 도구가 되리라 믿는다.

홍 태 희

시작하면서

　제2차 바티칸 공의회에서는 우리 모두를 하느님의 백성으로 부르면서 모든 인간에 대한 하느님의 보편적인 사랑을 선언하였습니다. 사목 헌장의 첫 문장에서 "기쁨과 희망, 슬픔과 고뇌, 현대인들 특히 가난하고 고통받는 모든 사람의 그것은 바로 그리스도 제자들의 기쁨과 희망이며 슬픔과 고뇌이다."[1]라고 하면서 세상의 고통받는 사람들과의 연대가 교회의 사명임을 확인하였습니다. 그 선언 이후 50여 년이 지난 오늘날 과연 교회가 그 연대의 약속을 지켰는지는 의문입니다. 세상에서는 지금 이 순간에도 하느님께서 참으로 의로우시다면 도저히 일어날 수 없는 악과 고통이 반복되고 있습니다. 그러나 교회는 여전히 제도의 울타리 안에서 안주하고 있는 듯합니다. 교회는 어머니의 품속과 같이 따뜻하고 서로가 일치를 이루는 거룩한 사람들의 공동체가 되어야겠지만, 교회는 여전히 부족하고 연약한 죄인들의 공동체라고 봅니다.

오늘날 한국 사회는 진보와 보수, 부자와 가난한 이, 노인과 젊은이들이 양극단에서 서로가 자신의 옳음만을 주장하는 분열의 시대를 살고 있습니다. 각자가 자신들의 진영 논리에 함몰되어 그 치열한 이데올로기 논쟁 속에서 아군과 적군만이 존재할 뿐 정의나 진실은 실종되어 버렸습니다. 그 혼란의 와중에서 교묘하게 위장한 가짜들이 정의의 탈을 쓰고 자신과 가족들의 화려한 삶을 위해 기생하고 있습니다. 심지어 교회 안에서도 양 진영으로 분열된 듯합니다.

시장에 진열된 넘치는 신앙 서적들에서 인간의 고통에 대한 하느님의 참된 목소리를 듣기는 힘들어 보입니다. 하느님께서는 우리가 쉽게 만날 수 있게 가까이 계시지는 않으신 것 같습니다. 숨어 계시는 하느님께서는 고난의 긴 시간을 받아들이고 견디면서 기다리던 우리에게 어느 날 기적처럼 오시는 것인지, 아니면 이미 함께 계시는 하느님을 우리가 미처 깨닫지 못하는 것인지 알 수 없습니다. 신학은 하느님의 부재를 여러 가지로 해석했지만, 사람들에게 온전히 이해시키지는 못한 듯 싶습니다. 교회는 하느님의 절대 자유와 신비와 은총 앞에 온전히 순종하라고 신앙을 요구하고, 신학자들은 사변적이고 난해한 신학적 지식으로 신앙을 어렵게 포장해 버린 듯합니다. 신학에 대한 심오한 지식이 하느님의 연민과 자비를 갈망하는 인간에게 하느님의 현존을 설명하지 못한 것 같습니다. 오히려 하느님께서 어떤 분이신지 정의하지도 못하지만, 인간에게 따뜻한 연민을 베풀 수 있는 소박한 사람들 안에 하느님께서 당신을 드러내신다고 믿습니다.

자신을 드러내기에 정신없는 신앙인들에게는 하느님 대신에 자신만이 있을 뿐입니다. 세상에 존재하는 어떤 종교도 모든 인류의 완전한 보편적 구원을 진리로 표방하지만, 본질적으로 불완전하고 배타적이라고 봅니다. 모든 사람에게 열려 있지 않은 것으로 보입니다. 그리스도교도 예외는 아닌 것 같습니다. 많은 사람이 구원의 하느님을 찾아 헤매다가 믿음을 잃어버렸습니다. 오랜 세상살이 이후 10여 년의 시간을 교회 안에서 한국 교회의 많은 것을 보았습니다. 그리스도인이기 이전에 보통 사람으로서 자유로운 인간의 열린 시각으로 바라본 성경에 대하여 이야기해 보고자 합니다. 신학과 성경이 인간의 삶에 역동적인 의미를 가지려면 고통 속에 인간이 던지는 질문에 신학과 성경 말씀이 해답을 제시할 수 있어야 한다고 봅니다. 암호와 같은 난해한 논리적 설명이 아니라, 쉽고 간명한 메시지로 인간에게 다가가야 한다고 생각합니다.

　　신학과 성경에 대해 해박한 학자의 관점에서가 아니라, 아무것도 모르는 질문자의 관점에서 접근해야 한다고 봅니다. 모든 신앙인을 죄인으로 몰아 엄격한 믿음을 강요하는 것이나 장사치처럼 신앙을 판매하고 선전하는 식의 접근으로 하느님을 왜곡시켜서는 안 된다고 봅니다. 신학자들은 하느님을 철학적으로, 신비로, 은총의 이름으로, 자신의 신학적 잣대로 변신시키기도 합니다.

　　위대한 신학자의 명저보다도 때로는 소박하고 무식한 사람의 하느님을 향한 겸손한 말 한마디가 하느님을 가까이 느끼게 합니다. 예수님께서 십자가에서 하느님의 부재를 절망했듯이 많은 사람이 하느님의 부재로 절망합니다. 신앙을 가지지 않은 것 자체는 죄가 아니라고 봅니다. 신앙인은 모두 선하고 비신앙인은 모두 악하다는 논리가 잘못이라면 신앙인이든, 비신앙인이든 삶의 실천적 행위가 선악의 기준이라고 봅니다. 삶의 여정에서 만났던 특별히 기억나는 선한 사람들은 신앙이 아니라, 타고난 성품으로 말미암아 착한 경우가 대부분이었습니다. 인간의 천성을 신앙과 교육으로 변화시키는 것은 쉬운 일이 아니라고 봅니다. 이해할 수 없는 하느님의 신비를 알고자 신학 공부를 시작했지만, 하느님은 여전히 신비로 남아 계십니다. 바오로가 배타적인 이스라엘을 넘어 이방인에게 문을 열었듯이, 교회도 비신앙인들에게 교회의 문을 닫지 말고 그들의 말에도 귀를 기울여야 할 것입니다. 숨어 계시는 하느님이 우리를 언제나 지켜보시는 하느님이시다는 사실을 깨닫기까지는 많은 고난의 시간이 요구될 것입니다.

30년간의 직장 생활을 마무리하고 신학 공부를 시작한 지 8년의 세월이 지나갔습니다. 그 시간 동안 지병인 파킨슨병은 서서히 진행되어 가고 저는 어느덧 60대 중반을 넘어가고 있습니다. 신학 공부 과정은 끝났고 이제 박사 논문이 남아 있습니다. 그런데 논문을 쓰기에 앞서 신학을 공부하면서 성경 말씀들에 대하여 의문이 드는 본문들이 있었습니다. 이는 저뿐만이 아니라, 평범한 보통 사람이라면 공감하는 부분이라고 봅니다. 그 의문을 통하여 성경 말씀의 의미를 한번 풀어 보고 싶었습니다. 그리스도인으로서 성경 말씀을 무조건 자구적으로 믿어야 한다면 저의 시도는 불가능할 것입니다. 또한 성경 주석학적인 관점에서 바라보면 신학적인 전문성이 부족한 내용이므로 무모하고 어려운 작업이 될 것입니다. 그러나 성경 본문에 대한 보통 사람의 질문을 통하여 성경이 오늘날의 보통 사람들에게 어떤 의미로 전달될 수 있는지를 밝혀 보는 것도 필요한 작업이 되리라는 희망을 품어 봅니다. 신학적이 아니라, 지극히 상식적이고 인간적인 시선으로 밝혀 보겠습니다. 사람들에게 유익하고 따뜻함을 줄 수 있는 이야기가 될 수 있도록 기도드리며 성경 말씀에 온전히 저를 맡기고 글을 시작해 보려 합니다.

성경의 모든 선택과 결정을 주재하시는 분은 하느님이십니다. 그런 의미에서 이 책은 성경 본문의 내용들에서 이루어진 하느님의 선택과 결정에 대하여 의문을 제기하고 그 의문을 해결하고자 인간적 관점에서의 질문과 하느님의 선택과 결정에 대한 저의 성찰을 통하여 하느님의 뜻을 밝히는 작업이 될 것입니다. 이 이야기를 통하여 하느님께서 우리들에게 전달하시려는 메시지에 대하여 의문을 가졌던 평범한 신앙인들이 조금이라도 이를 해소할 수 있는 기회가 되었으면 좋겠습니다.

2019년 겨울
김 영 수

제1부

구약 성경에서의 질문

하느님께서는
왜 이스라엘 민족을 선택하셨을까?

구약 전체 내용에서의 핵심은 하느님의 선택이라고 할 수 있습니다. 하느님께서는 이스라엘 민족을 선택하시고 아브라함을 부르시어 땅과 자손의 번영을 약속하십니다. 그리고 모세를 통하여 이스라엘 민족을 탈출시키시고 시나이산에서 율법을 세우시며 가나안 땅으로 인도하십니다. 이러한 역사의 주체는 이스라엘 민족이었습니다. 이후에도 하느님의 많은 선택이 있으셨습니다. 구약 성경인 히브리 성경은 옛 유다 민족인 이스라엘의 역사를 기록한 것입니다. 하느님께서는 이스라엘 민족을 선택하시고 그 백성들과 계약을 맺으시며 계약의 약속을 배반하는 이스라엘 백성들을 징벌하시지만 또 용서하시는 애증의 이야기입니다. 구약을 읽으면서 첫 의문점은 그 많은 민족들 중에서 왜 하느님께서는 이스라엘을 선택하셨는지에 관한 것이었습니다.

히틀러에 의한 유다인 대학살로 말미암은 이스라엘 민족들의 아픔과 그 자구책으로서 이스라엘의 공격적인 국방 정책 등은 충분히 납득합니다. 그러나 제가 특별히 하느님께서 왜 이스라엘을 선택하셨는지에 대하여 질문하는 이유는 이스라엘의 팔레스타인에 대한 정책이나 중동사태에 대한 전반적인 상황에서의 배타적이고 폭력적인 부분에 대하여 문제가 있다고 보기 때문입니다. 무엇보다도 하느님께서는 어떤 특정한 민족만의 하느님이 아니시다는 믿음이 있습니다.

이스라엘 선택의 이유에 대해, 신명기에는 이렇게 기록되어 있습니다.

"주님께서 이스라엘을 선택하신 것은, 모든 민족들 가운데에서 수가 가장 적지만 그런데도 주님께서는 이스라엘 백성들을 사랑하시어, 이스라엘 조상들에게 하신 맹세를 지키시려고, 종살이하던 집, 이집트 임금 파라오의 손에서 구해 내셨으므로 하느님께서 참 하느님이시며, 당신을 사랑하고 당신의 계명을 지키는 이들에게는, 천대에 이르기까지 계약과 자애를 지키시는 진실하신 하느님이심을 알아야 한다"(7,7-9).

이 내용에 따르면 하느님께서 이스라엘을 선택하신 이유는 이들이 가장 작은 민족이었기 때문이라고 봅니다.

예수님께서 티로와 시돈 지방에서 어떤 가나안 부인이 나와, "다윗의 자손이신 주님, 저에게 자비를 베풀어 주십시오. 제 딸이 호되게 마귀가 들렸습니다."(마태 15,22) 하고 소리 질렀지만 예수님께서는 "나는 오직 이스라엘 집안의 길 잃은 양들에게 파견되었을 뿐이다."(마태 15,24)라고 대답하시면서 이스라엘 백성만의 배타적인 하느님이심을 분명히 하십니다. 그러나 그 여자의 계속된 간절한 간청에 "아, 여인아! 네 믿음이 참으로 크구나. 네가 바라는 대로 될 것이다."(마태 15,28) 하고 말씀하시자 바로 그때 그 여자의 딸이 나았습니다."

저는 이 본문을 통해서 예수님께서도 이스라엘에 대한 배타적인 사랑을 표현하고 계시는 것을 확인하면서 동시에 보편적인 구원의 가능성도 함께 느꼈습니다.

탈출기를 읽을 때마다 이집트가 악한 민족의 대명사처럼 표현되는 것이 불편했습니다. 그리고 오늘날의 이집트 사람들이 탈출기를 읽는다면 어떤 느낌일지 궁금했습니다. 각기 자기 국가와 민족을 위하여 다른 국가들과 전쟁하여 승리를 통하여 생존할 수밖에 없었던 그런 시대적 상황에서의 역사적 기록은 지극히 주관적이라고 봅니다. 이스라엘 민족은 하느님의 선택에 대하여 선민의식을 가지고 있지만, 하느님께서 이스라엘을 선택하신 이유가 제 생각으로는 이스라엘 민족이 그 당시에 가장 비참하고 가련한 민족이었기 때문이라고 봅니다. 만일 그 당시에 유랑하는 이스라엘 민족보다 더 가련한 백성들이 있었다면 하느님께서는 당연히 그 민족을 선택하셨을 것이라고 믿습니다.

창조주 하느님의 모상으로 창조된 모든 피조물은 하느님의 보편적 구원에 있어서 차별되어서는 안 된다고 믿습니다. 그럼에도 인간의 역사는 종교와 국가의 배타적 권력 투쟁에 의한 전쟁으로 수많은 희생을 치루었고 지금도 계속되고 있습니다. 우리는 모두가 하느님의 백성이어야 합니다. 그러려면 그리스도교 신앙은 모든 인류에게 개방되어야 합니다. 그리고 그리스도교 외에도 구원이 있음을 인정하고 인간의 종교 선택의 자유를 침해해서는 안 된다고 봅니다. 종교가 저마다 자신들의 울타리를 치고 그 울타리 안에 들어온 사람들에게만 배타적인 사랑을 베풀고 울타리 밖에 있는 사람들을 외면한다면 그것은 보편적인 신앙이 아니라, 자기편만을 생각하는 배타적 이데올로기입니다. 그리스도 신앙의 울타리에 들어오지 않는 불특정한 많은 사람에게도 하느님의 자비는 참으로 열려 있기 때문입니다.

하느님께서는
왜 카인의 제물을 받으시지 않으셨을까?

카인과 아벨의 이야기

창세 4,1-16

하느님에 의한 창조가 아니라, 인간인 하와의 몸에서 카인과 그의 동생 아벨이 태어났습니다. 아벨은 양치기가 되고 카인은 땅을 부치는 농부가 되었습니다. 세월이 흘러 카인은 땅의 소출을 주님께 제물로 바치고 아벨은 양 떼 가운데 만배들과 그 굳기름을 바쳤습니다. 그런데 주님께서는 아벨과 그의 제물은 기꺼이 굽어보셨으나 카인과 그의 제물들은 굽어보지 않으셨습니다. 실망한 카인은 화를 내고 주님께서는 카인을 꾸짖으십니다. 마침내 카인은 아우인 아벨을 죽이고 인류 최초의 살인자가 됩니다(창세 4,1-8 참조).

아담과 하와의 죄의 결과로 에덴동산에서 쫓겨나고 남자는 노동의 의무, 여자는 출산의 고통이 생겼습니다. 카인의 죄의 결과로 땅을 부쳐도 더는 수확이 생기지 않습니다. 아담과 하와가 저지른 인간의 첫 번째 죄는 인간이 하느님처럼 되려는 교만입니다. 카인이 저지른 두 번째 죄는 인간이 인간을 지배하려는 폭력입니다(창세 3,14-19; 4,10-12 참조).

　제가 궁금했던 점은 '왜 주님께서 카인과 그 제물을 기꺼이 굽어보시지 않으셨을까?' 입니다. 그 이유를 카인과 아벨을 농부와 양치기로 상징하여 농경 문화권을 정복하고 농경민들을 수탈한 유목민족의 신화가 반영되었기 때문으로 해석하기도 합니다.[2] 하지만 주님께 바쳐야 할 합당한 번제물이 양의 맏배라고 한다면 카인은 농부였기 때문에 땅의 소출을 바칠 수밖에 없었고 아벨은 당연히 양의 맏배를 바칠 수 있었습니다. 주님의 꾸짖음이 없었다면 카인의 살인이 없었을 것이라고 믿습니다. 아직도 사랑으로 인간의 작은 번제물을 기꺼이 굽어보시지 않으신 주님의 깊은 뜻은 모릅니다.

　주님께서는 카인에게 아우 아벨이 어디 있는지 물으십니다. 카인은 자신이 아우를 지키는 사람이냐고 반문하며 부인합니다. 주님께서는 아벨의 피가 땅바닥에서 당신께 울부짖는다면 이제 카인은 저주를 받아, 입을 벌려 네 손에서 네 아우의 피를 받아낸 그 땅에서 쫓겨날 것이라고 말씀하십니다. 땅을 부치던 농부 카인은 땅에서 쫓겨나 세상을 떠돌며 헤매는 신세가 됩니다. 더 나아가 카인은 이제 하느님 앞에서도 살지 못합니다. 그는 하느님 앞에서 물러나 다른 곳으로 옮겨갑니다. 그러나 하느님께서는 끝까지 그와의 관계를 끊지 않으십니다. 카인은 만지는 자마다 자기를 죽이려 할 것이라며 자신의 위험함을 하느님께 호소

합니다(창세 4,9-15 참조).

하느님께서는 비록 카인을 땅에서 쫓아내는 형벌을 내리시지만, 그를 보호하시겠다고 선언하십니다. 자기 땅에서 쫓겨난 카인의 하소연에 대하여 주님께서 카인을 죽이는 자는 누구나 일곱 배로 앙갚음을 받을 것이라고 징표를 찍어 주시어 카인을 보호하시는 것입니다. 징벌하시되 보호하시는 사랑의 하느님이십니다.

아담과 하와, 카인과 아벨의 이야기는 인간의 죄의 원형이라고 봅니다. 어쩌면 오늘날 우리가 살아가며 극복해야 할 가장 중요한 상처의 근원이기도 합니다. 자식과 부모 사이의 갈등, 형제간 갈등의 원형인 것입니다. 카인과 아벨의 이야기는 인간의 죄에도 불구하고 사랑하시는 하느님의 이야기이기도 합니다. 처음에 구약을 접했을 때 배타적이신 징벌의 하느님 모습에 많이 당황했습니다. 그러나 아담과 하와를 벌하시고 카인을 벌하시어 먼 곳으로 추방하시지만, 그들을 끝까지 보호하시는 하느님의 모습에 위안을 받았습니다.

하느님께서는
아브라함을 꼭 시험해야 하셨을까?

아브라함이 이사악을 제물로 바치다

창세 22,1-19

하느님께서는 아브라함을 선택하시어 고향과 친척과 아버지의 집에서 떠나라고 명령하십니다. 그것은 아브라함이 하느님을 믿고 순종하며 자기 자신을 하느님께 맡기라는 요구입니다. 그래서 아브라함은 하느님의 뜻대로 고향인 우르를 버리고 떠났습니다. 그것은 아브라함에게는 큰 결단이 요구되는 일이었습니다. 하느님께서는 자식이 없는 아브라함에게 후손과 땅을 약속하십니다. 그 약속은 여호수아의 가나안 정복으로 이루어졌습니다. 그렇게 하느님의 명령에 온전히 순종한 아브라함은 하느님께서 약속하신 이사악을 낳습니다. 하지만 하느님께서는 아브라함을 시험하시고자 그의 외아들 이사악을 번제물로 바치라고 명령하십니다(창세 22,1-2 참조).

지금까지 아브라함을 돌보시던 하느님께서 가장 소중한 자식을 포기하라고 하십니다. 아브라함은 추호의 망설임도 없이 이 사악을 하느님께 바치려고 자기 아들을 죽이려 하자 그 순간 천사가 등장하여 이를 말립니다. 하느님의 시험을 완전한 순종으로 통과한 것입니다.

그때 다시 주님의 천사가 아브라함에게 말합니다. "나는 나 자신을 걸고 맹세한다. 주님의 말씀이다. 네가 이 일을 하였으니, 곧 너의 아들, 너의 외아들까지 아끼지 않았으니, 나는 너에게 한껏 복을 내리고, 네 후손이 하늘의 별처럼, 바닷가의 모래처럼 한껏 번성하게 해 주겠다. 너의 후손은 원수들의 성문을 차지할 것이다. 네가 나에게 순종하였으니, 세상의 모든 민족들이 너의 후손을 통하여 복을 받을 것이다"(창세 22,15-18).

우리는 종종 감당할 수 없는 시련 앞에서 침묵하시는 하느님을 바라보며 절망합니다. 하느님의 명령은 인간의 관점으로는 이해할 수 없습니다. 하느님께서 아브라함에게 이사악을 바치라고 한 것은 정말로 이사악을 바치기를 원하신 것이 아니라, 하느님께서 이 일을 통해 아브라함의 믿음과 순종을 검증하시려는 것임은 이해합니다. 그러나 참으로 가혹한 검증이라고 봅니다. 이런 가혹한 검증을 통과해야 얻을 수 있는 믿음이라면 그 누가 통과할 수 있겠습니까? 하느님께 대한 아브라함의 놀라운 믿음에는 경탄하면서도 아버지로서 아들의 생명을 포기하는 결단이 가능할지 의구심이 들었습니다.

제게 똑같은 상황이 주어진다면 과연 어떤 선택을 할지 자문해 보았습니다. 아무리 생각해 보아도 저는 제 자식의 생명을 바칠 수 없을 듯싶었습니다. 한없이 부족한 신앙이지만, 아버지로서 필연적인 선택이라고 봅니다. 그럼에도 아브라함은 믿음을 위하여 자식을 과감히 버림으로써 자식을 구했고, 저는 제 자식을 세상의 기준대로 사랑하였지만 도리어 자식을 잃은 이 역설적인 사실 앞에서 하느님의 신비를 성찰하게 됩니다.

하느님께 대한 순종의 상징으로서 아브라함의 믿음은 찬미합니다. 그러나 상대적으로 대부분의 그리스도인들은 자신의 믿음에 대하여 자괴감을 느낄 것입니다. 그렇지 않다면 그저 현실적으로 존재하지 않는 하나의 신화로 이해할 것입니다. 하느님께 대한 우리의 믿음의 진실에 대하여 아브라함의 이야기로 조명해 보았습니다.

하느님께서는
왜 야곱을 선택하셨을까?

에사우와 야곱의 이야기

창세 25,19-27,40

이사악은 마흔 살이 되었을 때 라반의 누이인 레베카와 혼인합니다. 이사악은 아이를 갖지 못하는 레베카와 자신을 위해서 하느님께서 후손을 허락해 주시기를 청합니다. 마침내 주님께서 이사악의 기도를 들어주셔서 쌍둥이를 얻게 됩니다. 주님께서는 레베카에게 말씀하십니다. "너의 배 속에는 두 민족이 들어 있다. 두 겨레가 네 몸에서 나와 갈라지리라. 한 겨레가 다른 겨레보다 강하고 형이 동생을 섬기리라"(창세 25,20-23).

이 성경 말씀에서 알 수 있는 사실은 하느님께서 동생 야곱을 선택하신 것입니다. 하지만 하느님께서 왜 야곱을 선택하셨는지는 밝히지 않으십니다. 형 에사우는 솜씨 좋은 사냥꾼이 되고 동생 야곱은 유목민들의 삶이라 할 수 있는 천막에서 자랍니다. 아버지 이사악은 고기를 좋아하였기에 형 에사우를 사랑하였고 어머니 레베카는 하느님께서 선택하신 야곱을 사랑합니다. 어느 날 에사우가 사냥을 마치고 집으로 돌아옵니다. 야곱은 붉은 죽을 끓이고 있었는데 시장했던 형이 그것을 좀 먹게 해 달라고 요청하자 야곱은 형의 맏아들 권리를 자신에게 팔라고 요청합니다 (창세 25,28-32 참조). 단순한 에사우와는 달리 야곱은 치밀하게 행동합니다. 단순히 말로써 이 권리를 사는 것이 아니라 맹세를 요구하며 맏아들의 권리를 삽니다. "내가 지금 죽을 지경인데, 맏아들 권리가 내게 무슨 소용이겠느냐?"(창세 25,32)라고 하면서 에사우는 맏아들의 권리를 동생 야곱에게 팔아버립니다.

어느덧 이사악에게 삶의 마지막 순간이 다가오고 있었습니다. 이사악도 자신의 때가 다가왔음을 인식하고 에사우에게 마지막 삶의 축복을 전해 주려 합니다. 이 축복은 하느님과의 계약과 자신의 생명력을 전해 주는 축복입니다. 아버지 이사악은 이 축복을 에사우에게 전해 주려고 했지만 어머니 레베카의 생각은 달랐습니다. 야곱이 그 축복을 받을 수 있도록 레베카는 계략을 세웁니다. 혹시 자신이 에사우가 아닌 것을 알아채고 저주를 내리면 어떻게 하냐고 불안해하는 아들 야곱을 안심시킵니다. 이에 힘입어 야곱은 자신이 에사우인 것처럼 속이고 아버지의 시험을 다 통과합니다. 그리고 마침내 아버지의 축복을 받아냅니다(창세 27,1-27 참조).

이 본문을 읽으며 단순한 형을 꾀어 장자권을 사고 아버지도 속여서 축복을 쟁취한 파렴치한 야곱이 하느님의 축복을 받기에 합당한 것인지, 만일 하느님께서도 야곱과 같은 이들을 축복해 주신다면 과연 이런 하느님께서 정의로운 분이신지 의문스러웠습니다.

사냥하고 뒤늦게 돌아온 에사우는 아버지가 이미 동생을 축복했다는 사실을 알게 됩니다. 아버지 이사악조차도 이를 알고서 깜짝 놀랍니다. 아버지에게 간절한 마음으로 축복을 청했지만 자신에게 주어질 축복이 하나도 없다는 것을 안 에사우는 목 놓아 웁니다. 카인과 아벨의 경우처럼 에사우와 야곱도 형제간의 갈등으로 말미암은 미움과 증오를 보여 줍니다. 그리고 그 원인은 하느님의 선택에 기인합니다.

저는 이 본문을 읽으며 하느님 선택의 기준이 정의가 아니라면 이를 우리 인간들이 받아들일 수 있을 것인지에 대해 회의가 생겼습니다. 또한 어머니인 레베카의 행위에 대하여 오랫동안 불편해했던 기억이 납니다. 솔직한 인간적 감정으로 레베카와 야곱에게는 분노가, 에사우에게는 연민의 감정이 일어났습니다. 그리고 하느님의 선택에 대한 방식이 이해되지 않았습니다.

그런데 하느님의 선택으로 야곱에게 시련의 시간이 주어집니다. 20년간의 고된 타향살이를 통해 야곱은 변화된 인간으로서 다시 하느님 앞에 설 수 있었고, 또한 에사우에게 죽임을 당할지도 모른다는 두려움에 떨며 밤을 새워 가며 하느님께 기도드려 비로소 20년 전의 하느님 축복의 의미를 깨닫게 됩니다. 야곱과 에사우의 이야기는 두 형제의 화해를 통해 재해석됩니다. 영악했던 야곱이라는 한 인간이 하느님의 선택 이후에 시련을 통해 성숙한 인간으로 정화되어 겸손하고 정직한 인간이 됨으로써 에사우와도 화해하게 되는데 이러한 화해는 야곱이라는 인간의 본질적인 변화를 통해서 이루어진 것입니다. 그리하여 하느님께서 야곱의 이름을 '이스라엘'이라고 바꾸어 주십니다. 이스라엘은 '하느님께서는 항복한 사람에게 당신의 능력을 드러내신다.'는 의미입니다.[3]

야곱은 가족들과 함께 에사우 앞에 나아가며 일곱 번을 땅에 엎드려 절을 합니다. 엉덩뼈를 다쳐서 절뚝거리며 제대로 걷지도 못하는 늙은 동생이 애절하게 무려 일곱 번에 걸쳐 땅에 엎드리며 자기 앞에 나아오는 것을 보았을 때, 그동안 동생에게 쌓였던 미움은 사라집니다. 에사우가 먼저 야곱에게 달려가 동생의 목을 끌어안고 입을 맞춥니다. 그렇게 두 형제는 함께 껴안고 울면서 화해합니다. 야곱을 죽이겠다던 에사우는 하느님의 섭리하심으로 동생을 사랑하는 형으로 변화되었습니다. 이렇게 두 형제의 이야기는 끝을 맺습니다(창세 33,1-20 참조).

하느님께서는 왜 모세에게
가나안 땅을 허락하지 않으셨을까?

요르단을 건너지 못한 모세

신명 3,23-29

모세는 이스라엘 백성들을 가나안 땅으로 인도했지만 정작 자신은 가나안 땅으로 들어가지 못했습니다. 주님께서 "너희는 나를 믿지 않아 이스라엘 자손들이 보는 앞에서 나의 거룩함을 드러내지 않았다. 그러므로 너희는 내가 이 공동체에게 주는 땅으로 그들을 데리고 가지 못할 것이다."(민수 20,12-13)라고 말씀하십니다.

이에 앞서 모세는 아론과 함께 공동체를 바위 앞에 불러 모은 다음, 그들에게 "이 반항자들아, 들어라. 우리가 이 바위에서 너희가 마실 물을 나오게 해 주랴?" 하고 말합니다. 그리고 나서 모세가 손을 들어 지팡이로 그 바위를 두 번 치자, 많은 물이 터져 나왔습니다. 공동체와 그들의 가축이 물을 마실 수 있게 됩니다 (민수 20,10-11 참조).

이 본문에서 표현된 내용 중에 10절에서 '주님'이 아니라, '우리'라고 했기 때문에 백성들의 눈앞에서 주님을 거룩히 구별하지 않았고, 11절에서 바위를 두 번 친 것은 주님을 믿지 않았음을 의미합니다. 주님께서는 "아론은 내가 이스라엘 자손에게 준 땅에 들어가지 못한다"(민수 20,24)고 말씀하십니다. 바위에게 말하라고 했는데 모세가 바위를 두 번이나 침으로서 당신의 말씀을 거역했다는 것입니다. 이스라엘 백성들로 인해 하느님께서 모세에게 분노하셨기 때문에 "너희 때문에 나에게도 화를 내시면서 너 또한 그곳으로 들어가지 못할 것"(신명 1,37)이라고 주님께서 말씀하셨다면서 모세는 백성들에게 분노합니다. 모세는 주님의 말씀에도 불구하고 가나안 땅을 눈앞에 두고 주님께 "부디 저를 요르단 강을 건너가게 해 주시어 제가 요르단 건너편에 있는 저 좋은 땅, 저 아름다운 산악 지방과 레바논을 보게 하여 주십시오."(신명 3,25)라고 간구합니다.

그러나 이스라엘 백성들에게 화가 난 주님께서는 모세의 말을 들어주지 않으십니다. 주님께서 "그만 됐다. 더 이상 이 일로 나에게 말하지 마라. 너는 이 요르단을 건너지 못할 것이다."(신명 3,26-27)라고 말씀하시며 여호수아에게 책임을 맡기라고 하십니다. 여호수아가 백성 앞에 서서 건너갈 사람임을 분명히 밝히시면서 모세의 역할이 끝났음을 선언하십니다.

저는 이 본문을 읽으며 너무 마음이 아팠습니다. 하느님과 백성 사이에서 수많은 고난의 시간을 보낸 모세가 아닙니까? 모세가 얼마나 기다리고 고대했던 땅이었습니까? 하느님의 그 차가운 결정을 이해할 수 없었습니다. 그야말로 징벌의 하느님이셨습니다.

모세는 이스라엘 백성들에게 당부의 말을 전합니다. "주님께서는 너희 때문에 나에게 진노하시어, 내가 요르단을 건너지 못하고, 주 너희 하느님께서 너희에게 상속 재산으로 주시는 저 좋은 땅에 들어가지 못한다고 맹세하셨다. 그래서 나는 요르단을 건너지 못하고 이 땅에서 죽겠지만, 너희는 건너가서 저 좋은 땅을 차지할 것이다. 너희는 주 너희 하느님께서 너희와 맺으신 계약을 잊지 않도록 조심하고, 주 너희 하느님께서 너희에게 금하신 그 어떤 형상으로도 우상을 만들지 않도록 조심하여라. 주 너희 하느님은 태워 버리는 불이시며 질투하시는 하느님이시기 때문이다"(신명 4,21-24).

모세는 가나안 땅을 바라보면서 결국 그 땅에 발을 들여놓지 못하고 요르단에서 한 많은 생을 마감합니다. 모세는 온유한 사람이었고 하느님께 충실하였습니다. 그러나 하느님께서 모세를 이집트로 보낼 때 마지막으로 그를 시험하십니다. 손에 들고 있는 지팡이를 땅에 던지라고 모세에게 명령하십니다. 아마 이것은 인간적인 권위를 버리라는 것이라고 봅니다. 그때 모세는 하느님의 명령을 따랐습니다. 그런데 모세는 "바위에 말하라."는 하느님의 명령에는 따르지 않고 바위를 지팡이로 두 번 칩니다. 그것은 그가 백성들 앞에서의 자기 권위에 집착한 것으로 보입니다. 하느님의 명령을 어긴 것입니다. 그런데도 하느님께서는 그 바위에서 많은 물이 쏟아져 나오게 하시어 백성들과 그들에게 딸린 가축 떼들이 마실 수 있게 하십니다. 하느님께서는 약속을 철회하시지 않으셨습니다. 하느님께서 물을 주셨는데도 백성들은 모세가 준 것으로 착각했습니다. 하느님의 영광을 인간이 가로챈 것입니다. 모세는 이 한 번의 실수로 가나안 땅을 밟지 못하게 됩니다.

우리도 하느님의 영광을 가로채고 있지는 않는지요? 실제로 많은 그리스도인이 하느님의 영광을 위한 명분으로 자신을 드러내며 자신을 투사한다고 봅니다. 또한 많은 정치인이 국가와 민족을 위하여 봉사한다는 명분으로 개인의 명예와 부를 축적한다고 봅니다. 이것은 가장 나쁜 기만행위입니다. 온전히 이웃을 위하고 그 영광을 하느님께 봉헌하는 것이 신앙인의 당연한 삶이나 그 삶의 여정은 참으로 어려운 듯싶습니다.

하느님께서는
왜 다윗을 선택하셨을까?

다윗이 우리야를 죽이고 밧 세바를 차지하다

2사무 11,1-27

해가 바뀌어 임금들이 출전하는 때가 되자, 다윗은 요압과 자기 부하들과 온 이스라엘을 내보냈다. 그들은 암몬 자손들을 무찌르고 라빠를 포위하였다. 그때 다윗은 예루살렘에 머물러 있었다. 저녁때에 다윗은 잠자리에서 일어나 왕궁의 옥상을 거닐다가, 한 여인이 목욕하는 것을 옥상에서 내려다보게 되었다. 그 여인은 매우 아름다웠다. 다윗은 사람을 보내어 그 여인이 누구인지 알아보았는데, 어떤 이가 "그 여자는 엘리암의 딸 밧 세바로 히타이트 사람 우리야의 아내가 아닙니까?" 하였다. 다윗은 사람을 보내어 그 여인을 데려왔다. 여인이 다윗에게 오자 다윗은 그 여인과 함께 잤는데, 여인은 부정한 기간이 끝나 자신을 정화한 다음이었다. 그 뒤 여인은 자기 집으로 돌아갔다(2사무 11,1-4).

다윗은 양을 치던 평범한 사람으로 정직하고 착했습니다. 돌 하나로 골리앗을 물리쳐 용맹한 전사가 되었고 그 뒤 하느님께 로부터 영원한 왕조를 약속받습니다. 그러나 다윗은 선과 죄악 이 공존하는 인간입니다. 그는 하느님의 선택을 받은 왕이며 시편의 저자이지만, 동시에 불륜을 저지른 자이며 살인자입니다. 이런 다윗이 영웅입니까? 죄인입니까? 돌팔매로 골리앗을 무찌른 소년 전사가 하느님께 선택되어 이스라엘의 왕이 되었지만, 자신의 신하의 아내를 빼앗아 불륜을 저지르고 이를 은폐하려고 추악한 살인마저 저지른 인간입니다. 하느님의 사랑과 선택도 인간의 세속적인 욕구를 제어하지 못하는 것일까요? 결국은 다윗도 우리와 같은 연약한 인간이었습니다. 다윗의 삶의 여정은 우리가 경험할 수 있는 기쁨과 슬픔, 좌절, 고통, 참회 등 다양한 모습을 보여 줍니다. 이런 다윗의 모습은 어쩌면 우리 자신의 모습일지도 모릅니다. 그러나 다윗의 삶에는 항상 하느님께서 열어 주시는 참회의 기회와 새로운 삶이 있었습니다.

다윗의 삶에서 '밧 세바 사건'은 그의 결정적인 죄악입니다. 밧세바와 불륜을 저지른 다윗은 그녀의 남편이자 자신의 충성스러운 부하인 우리야를 죽입니다. 밧 세바를 빼앗고자 우리야의 상관인 요압에게 지시하여 그를 전투가 가장 심한 곳에 정면에 배치했다가 우리야만 남겨 두고 후퇴하여 그가 칼에 맞아 죽게 하라는 잔인한 명령을 내린 것입니다. 한 나라를 다스리는 왕으로서 있을 수 없는 사악한 행위입니다. 다윗이 한 짓이 주님의 눈에 거슬렸습니다. 주님께서 보내신 나탄이 다윗에게 나아가 집안에서 칼부림이 영원히 그치지 않을 것이며, 또한 그에게서 태어난 아들은 반드시 죽고 말 것이라고 전합니다. 다윗은 하느님의 사랑과 선택을 받았기에 더욱 혹독한 참회의 대가를 치러야 했습니다. 하느님의 징벌이 그에게 임한 것입니다. 다윗과 밧 세바 사이에서 태어난 첫 아이는 며칠 만에 죽었고 다윗의 첫째아들 암논은 이복누이 다말을 겁탈했으며, 다윗의 아들들은 왕위를 차지하고자 서로를 잔인하게 죽였습니다. 다윗은 몹시 괴로웠지만 하느님의 징벌을 기꺼이 받아들였습니다. 이 사건을 계기로 자신을 돌아보게 된 그는 진실로 하느님께 죄를 자백하고 회개합니다. 주님께서는 그런 다윗의 죄를 용서하시지만, 이미 자신의 가정이 파괴되는 엄청난 대가를 치른 다윗입니다. 하느님께서는 회개하는 다윗에게 징벌과 함께 새로운 길을 열어 주십니다. 하느님께서는 다윗을 벌하시지만 다윗의 자손들에게 멸망하지 않는 왕국을 약속하십니다.

저는 다윗에 대한 하느님의 특별한 선택과 관대한 용서를 보며 하느님께서 선택한 사람의 특별한 사랑을 보았습니다. 다윗이 특별한 사람이기 때문이 아니라, 하느님께서 선택하셨기 때문에 특별한 것입니다. 따라서 다윗에 대한 하느님의 특별한 사랑의 정당성은 다윗의 회개와 하느님의 완전한 자유에 의하여 결정되었다고 봅니다. 그리스도인의 시선은 하느님의 선택을 받은 사람이 아니라, 세상의 가장자리에 머무르는 주변인들에게 머물러야 한다고 봅니다. 이는 예수님께서 행적과 말씀으로 우리에게 제시하신 것입니다.

하느님께서는
왜 사탄에게 욥을 걸고 내기하셨을까?

욥기

욥기는 저에게 특별한 성경 본문입니다. 제 딸 리디아를 하늘 나라에 보낸 뒤 가장 많이 읽은 내용이며 가톨릭교리신학원의 졸업 소논문을 비롯하여 서강대 신학대학원의 성경 과목 기말 보고서의 주제로도 다루었습니다. 또한 저의 졸저인 『이제야 당신을 뵈었습니다』 제목도 욥기(42,5)에서 가져왔고, 그 책에서도 종종 언급했습니다. 욥기를 읽으며 많은 의문이 들었기 때문입니다. 이번 장에서 던지는 질문은 신학적인 욥기의 주석이 아니라, 자식을 잃고 치유할 수 없는 병까지 얻은 절망한 한 인간으로서의 인간적인 질문입니다.

당혹스럽게도 욥기는 주님께서 사탄의 유혹을 허락하시면서 시작됩니다. 시작부터 이런저런 의문이 들었습니다. '인간의 유한성과 약함을 너무나도 잘 아시는 주님께서 왜 사탄의 유혹을

허락하셨을까?' '그 누가 사탄의 공격에서 이길 수 있을까?' '주님
에게 우리는 그저 시험의 대상에 불과한 것일까?' '그렇지 않다면
주님께서는 인간을 본디 모습보다 더 믿으시는 것일까?' 이런 의
문들과 함께 주님께서는 인간의 고통에 참 무심하시다는 생각이
들었습니다.

2장에서 온몸에 부스럼으로 가득찬 몸을 긁는 욥에게 그의 아
내가 '하느님을 저주하고 죽어 버려라!'고 외치는 모습에서 비록
천박하더라도 어쩌면 가장 현실적으로 인간적인 모습을 보았습
니다. 4장에서 욥의 친구인 엘리파즈는 욥에게 '스스로 저지른
잘못이 지금의 고통의 원인'이라고 말합니다. 친구는 '고통을 주
시면서 꾸짖는 하느님의 훈계를 받아들이라.'고 충고하면서 욥
에게 자신의 잘못을 인정하고 하느님께 용서를 구하라는 것입니
다. 친구의 이러한 태도는 현실 세계에서 고통을 당한 사람들을
대하는 대부분의 사람들 모습이며 또한 고통받는 사람들을 대하
는 저 자신의 모습이기도 합니다. 저는 고통 그 자체의 아픔보다
도 주변의 따가운 시선에 고통이 배가 되는 경우를 많이 보았습
니다. 그런 의미에서 고통은 온전히 고통받는 당사자의 몫입니
다. 타인은 인간의 고통에 그다지 도움을 주지 못한다고 봅니다.
그런 의미에서 욥의 아내와 욥의 친구들은 지극히 사실적입니
다.

욥기의 근본 주제는 인간의 고통에 관한 것이라고 할 수 있습
니다. 욥기는 숨어 계시는 하느님과 세상에 버려진 인간 사이의
이야기입니다. 주님께서는 사실 고통받는 인간의 질문들에는 어

떠한 대답도 주시지 않으십니다. 새로운 질문을 던지시는 분은 오히려 하느님이십니다.[4] 욥기의 핵심은 '무죄한 이들이 고통 속에서 하느님에 관해 어떻게 이야기할 것인가?' 또한 '과연 인간이 불의한 고난 속에서 변함없이 하느님께 대하여 보답을 기대하지 않으면서 하느님을 믿을 수 있는가?' 하는 점입니다. 욥기 저자는 고통의 문제에 대한 합리적이고 결정적인 설명을 제시하지 않고 우리의 믿음으로 하느님을 올바르게 이해할 수 있는지를 묻습니다.[5]

욥기에서 우리가 성찰할 수 있는 것은 인간의 생각을 능가하는 하느님의 신비 앞에서 우리는 인간 인식의 한계를 인정할 수밖에 없다는 점입니다. 우리는 한 번 더 하느님의 말씀을 청하며 주님의 가르침을 받을 준비가 되었음을 고백할 뿐입니다. 이것만이 인간의 유한성을 지각한 이의 깨우침에서 나오는 요청이며, 온전히 자신을 비우고 하느님을 향해 마음을 여는 자세입니다. 인간은 새로운 믿음의 자세로 하느님과 마주합니다. 그러나 하느님께 던진 많은 질문은 여전히 답변 없이 남아 있습니다. 그 질문에 대한 답변은 언제나 믿음 안에서 나올 것입니다. 하느님께서는 세상의 악을 완전히 벌하시지 않으시고 인과응보에 따라 사람들을 다스리시지도 않으십니다. 우리는 마침내 하느님과 그분의 계획을 전부 알 수 없음을 거듭 깨닫게 됩니다. 우리는 온전히 하느님을 이해하지 못하여도 하느님을 받아들일 수밖에 없습니다.[6]

하느님은 악인에게도 의인의 고통에도 자유로우신 분이십니다. 우리는 고통스러운 우리의 역사와 화해할 수밖에 없습니다. 고통은 헤아릴 수 없는 신비이며, 그 신비는 이해할 수 없고 단지 받아들일 수 있을 따름입니다. 믿음은 고통스러운 여정입니다. 욥기에서 제기된 질문들을 해결하지는 못합니다. 마지막에 욥이 백 사십 년을 더 살면서 재산과 자녀들을 곱절로 얻는 부분에서는 하느님의 정의로운 모습보다는 변덕스러운 하느님의 모습이 연상되면서 비극적인 이야기가 갑자기 희극으로 반전됩니다. 욥기가 우리에게 던지는 난해한 질문들을 해결하기 위하여 성서 신학자들이 선택한 결론은 욥기를 하느님의 신비로 해석하는 것이라고 봅니다. 그것은 역으로 결국 욥기를 이해할 수 없다는 의미와 크게 다르지 않다고 봅니다.

결론적으로 중요한 것은 마지막에 욥에게 내려진 보상이 아니라, 우리의 고통과 죽음의 순간에서도 하느님께서 함께 하신다는 믿음입니다. 하느님의 은총은 잃어버린 것을 곱절로 돌려받는 것이 아니라, 우리가 하느님과 함께 하는 것이라고 말할 수 있기 때문입니다. 욥에게 일어난 참된 은총은 궁극적으로 하느님의 드러내심이라고 봅니다.[7]

다윗의 참회의 기도가
위령 기도가 된 이유는 무엇일까?

다윗이 밧 세바와 정을 통한 뒤
예언자 나탄이 다윗에게 왔을 때 참회의 고백

시편 51

하느님, 당신 자애에 따라 저를 불쌍히 여기소서. 당신의 크신
자비에 따라 저의 죄악을 지워 주소서. 저의 죄에서 저를 말끔
히 씻으시고 저의 잘못에서 저를 깨끗이 하소서. 저의 죄악을
제가 알고 있으며 저의 잘못이 늘 제 앞에 있습니다. 당신께,
오로지 당신께 잘못을 저지르고 당신 눈에 악한 짓을 제가 하
였기에 판결을 내리시더라도 당신께서는 의로우시고 심판을
내리시더라도 당신께서는 결백하시리이다. 정녕 저는 죄 중에
태어났고 허물 중에 제 어머니가 저를 배었습니다. 그러나 당
신께서는 가슴속의 진실을 기뻐하시고 남모르게 지혜를 제게
가르치십니다. 우슬초로 제 죄를 없애 주소서. 제가 깨끗해 지
리이다. 저를 씻어 주소서. 눈보다 더 희어지리이다. 기쁨과 즐
거움을 제가 맛보게 해 주소서. 당신께서 부수셨던 뼈들이 기

뼈 뛰리이다. 저의 허물에서 당신 얼굴을 가리시고 저의 모든 죄를 지워 주소서.

하느님, 깨끗한 마음을 제게 만들어 주시고 굳건한 영을 제 안에 새롭게 하소서. 당신 면전에서 저를 내치지 마시고 당신의 거룩한 영을 제게서 거두지 마소서. 당신 구원의 기쁨을 제게 돌려주시고 순종의 영으로 저를 받쳐 주소서. 제가 악인들에게 당신의 길을 가르쳐 죄인들이 당신께 돌아오리이다. 죽음의 형벌에서 저를 구하소서, 하느님, 제 구원의 하느님. 제 혀가 당신의 의로움에 환호하오리이다. 주님, 제 입술을 열어 주소서. 제 입이 당신의 찬양을 널리 전하오리이다. 당신께서는 제사를 즐기지 않으시기에 제가 번제를 드려도 당신 마음에 들지 않으시리이다. 하느님께 맞갖은 제물은 부서진 영. 부서지고 꺾인 마음을 하느님, 당신께서는 업신여기지 않으십니다. 당신의 호의로 시온에 선을 베푸시어 예루살렘의 성을 쌓아 주소서. 그때에 당신께서 의로운 희생 제물을, 번제와 전 번제를 즐기시리이다. 그때에 사람들이 당신 제단 위에서 수소들을 봉헌하리이다(시편 51,3-21).

시편 51은 위령 기도의 내용입니다. 저는 하늘 나라로 간 제 딸 리디아를 위하여 십 수 년 넘도록 매일 아침 이 기도를 받칩니다. 이 기도가 다윗이 밧 세바를 범하고 그 죄에 대한 하느님의 통렬한 질타를 전달하는 예언자 나탄의 앞에서 드리는 참회의 기도인 것을 알고 왜 하필이면 죽은 영혼의 구원을 위한 기도로 이 시편을 선택했는지 궁금했습니다. 이 기도를 날마다 바치면서 어느 날 다윗의 참회의 기도가 바로 저 자신의 죄 앞에서 주님께 용서를 청하는 기도가 되었습니다. 우리는 누구나 죄에서 자유로울 수 없으며 죄가 있는 곳에 은총이 있다고 성찰했습니다.

시편 51은 인간의 죄에 대한 통찰을 표현하고 있습니다. 이 51편의 전체 내용을 보면 인간의 출생부터 죽음에 이르기까지 얼마나 죄에 숙명적으로 묶여 있는지를 처절하게 진술하고 있습니다. 죄지은 인간이 하느님 앞에서 벌거벗고 통회하고 있습니다. 온전히 하느님의 자비에 호소하며 용서를 빌며 하느님께 모든 것을 맡깁니다. 인간의 모든 존재론적 죄를 고백하면서 죄에서의 회복이 인간의 노력으로는 불가능하므로 결국은 하느님의 용서와 자비만이 인간을 구원하실 수 있다는 것입니다. 죄에 대한 용서와 회개는 인간의 의지와 노력으로 극복할 수 있는 문제가 아니라는 사실을 이야기하고 있습니다. "저의 죄악을 제가 알고 있으며 저의 잘못이 늘 제 앞에 있습니다." 이 구절은 인간이 살아가면서 죄에서 자유로울 수 없는 상황을 단적으로 표현하고 있습니다. 우리의 존재 전체를 죄가 지배하고 있다는 것입니다.

"정녕 저는 죄 중에 태어났고 허물 중에 제 어머니가 저를 배었습니다."라는 구절은 우리가 잉태하는 순간부터 근원적으로 죄인이라는 의미입니다. 죄의 힘이 얼마나 존재론적으로 인간을 유혹하고 지배하느냐에 대한 통찰입니다. 그런 죄에서 벗어나는 길은 하느님과의 관계에서만 가능할 것입니다.

"하느님, 깨끗한 마음을 제게 만들어 주시고 굳건한 영을 제 안에 새롭게 하소서." 오직 하느님만이 인간의 깨끗한 마음과 굳건한 영을 새롭게 만드실 수 있으십니다. 죽을 때까지 죄와 용서의 반복을 통하여 하느님께 가까이 가게 되는 것입니다. 저는 마지막 날에도 부족한 죄인으로 주님 앞에 서 있을 것입니다. 중요한 점은 주님께서 내가 고백하고 약속한 모든 삶의 발자취를 모두 알고 계신다는 것입니다. 주님의 자비가 없다면 우리가 어떻게 구원받을 수 있겠습니까?

허무를 이야기하고 있는가?
영원한 삶을 이야기하고 있는가?

코헬렛

코헬렛은 우리 삶의 공허한 맨얼굴이 드러나는 잿빛으로 상징될 수 있는 성경 본문입니다. 코헬렛은 "허무로다 허무! 모든 것이 허무로다!"(코헬 1,2)라고 독백하며 시작됩니다. '모든 것이 허무'라는 이 본문은 코헬렛의 주제라고 할 수 있습니다. 코헬렛은 이 단어를 반복해서 표현함으로써 인생의 무상함을 강조합니다. 그러나 허무라는 의미 안에는 역설적인 내용이 전제되어 있습니다. 이어지는 본문에서는 인간의 유한성과 한계와 보다 큰 존재에 종속된 인간의 숙명과 운명에 대하여 설명하고 있습니다. 모든 것에는 때가 있음을 강조하면서 내 삶의 주체가 자신이 아니라, 하느님이심을 일깨워 줍니다. 코헬렛이 모든 것이 허무하다고 말하는 것은 인간 삶의 본질이 유한하기 때문이라고 봅니다. 죽음은 인간이 초월할 수 없는 한계입니다. 살아 있는 모든 것은 소멸될 것입니다.

그런데 반전이 일어납니다. 갑자기 코헬렛은 우리에게 인생을 즐기라고 말합니다. 즐겁게 먹고 즐기며 행복하게 살고, 젊었을 때 즐기라고 말합니다. 한순간이고 허무한 삶일지라도 즐기라고 말합니다(코헬 9,7-9). 그는 영원한 생명에 대해서는 말하지 않습니다. 인간의 유한성과 한계를 잘 알고 있었기 때문입니다. 그래서 코헬렛은 현재의 작은 행복들을 즐기라고 말합니다. 그것은 하느님의 선물이기 때문입니다. 그 선물이 허무하게 사라지기 전에 그 즐거움을 향유하라는 것입니다. "하느님께서는 하늘에 계시고 너는 땅 위에 있으니"(코헬 5,1)라는 말씀처럼 하느님께서는 우리가 당장에 갈 수 없는 곳에 계시니, 우리는 땅에서 할 수 있는 것들에서 행복을 추구해야 합니다.

코헬렛은 본문을 해석하는 과정에서 많은 오해를 받아 온 인물입니다. 본문에서 발견되는 그의 역설적이고 솔직한 내용 때문에 성경으로서의 적합성에 질문이 제기됩니다. "헛되다" "먹고 마시라" "즐겨라"와 같은 표현들 때문에 코헬렛을 허무주의자 혹은 쾌락주의자라는 이미지로 인식하곤 합니다. 본문에 그려진 코헬렛이라는 인물은 솔직하고 개방적인 자유인으로 보입니다. 코헬렛은 세속적인 가치에도 의미를 부여하고 동시에 하느님께 대한 신앙도 끝까지 포기하지 않습니다. 그의 방식은 현세의 즐거움을 즐기지만 신앙의 핵심을 포기한 것은 아니었던 것입니다. 그는 악한 일을 하면서도 형식적인 성전 예배만 드리면 된다고 생각하는 사람들에게 균형된 신앙의 길을 제시합니다.

코헬렛은 일상적 삶을 최고의 선으로 여기며, 먹고 마시고 자신의 일을 즐기며 살 것을 여러 차례 강조합니다. 하느님께서 허락하신 현재의 삶을 충분히 즐기라는 것입니다. 일상에서의 행복이 중요하다는 것이지 쾌락에 집착하는 것이 아닙니다. 인간에게 주어진 시간과 인생을 어떻게 사용했고 무엇을 했는지에 대해 하느님께서 반드시 평가하신다는 사실을 알려 줍니다. 코헬렛이 '헛되다'라는 말을 사용하는 것은 인간의 현실적 삶의 속성을 솔직하게 표현하는 것이지 하느님께 대한 신앙이나 믿음을 포기하고 무의미하게 여기는 것은 결코 아닙니다. 코헬렛의 근본적인 전제는 현실을 적극적으로 수용하고 하느님을 따르는 것입니다. 코헬렛은 의미 있는 삶을 살고자 최선을 다하는 인간을 표현한 작품입니다. 인간이 유한한 한계 속에서 절망하고 포기하지 않고 하느님의 때를 기다리며, 하느님께서 인간에게 주신 현실을 받아들이고 그것을 누릴 것을 충고합니다. 코헬렛은 인생의 회의주의자나 비관주의도 아니요, 쾌락주의자도 아닙니다. 그는 유한한 현실 속에서도 신앙을 지키고 살려고 고민하는 인간입니다.

코헬렛은 개인적으로 많은 공감을 불러일으키는 성경 본문입니다. 인간 삶의 덧없는 허무에 대한 성찰과 3장의 '모든 것에는 때가 있다.'라는 본문에서는 인간의 삶에서 필연적으로 거쳐야 하는 '때'라는 개념을 통하여 인간의 유한성에 대한 통찰을 제시하고 있습니다. 정의와 응보의 내용에서는 인간 내면의 이중성에 대하여 성찰하면서 억압받는 이들에게 연민의 위로를 보내며 고통스러운 삶의 본질을 표현합니다. 4-5장에서는 세속적인 가치가 얼마나 일시적이고 의미 없으며 위험한 것임을 가르치고 있습니다. 인간의 수명과 인간의 운명이나 행복이 참된 가치가 아니며, 인간은 자신의 미래를 예측하지 못하므로 지혜에 한계가 있음을 가르칩니다. 따라서 어느 것에도 집착하지 않는 중용을 지니고 인간에게는 지혜를 찾을 수 없으므로 하느님께서 주신 삶을 즐기라고 하십니다. 그러나 인생은 불확실하고 인간의 운명은 늙음과 죽음을 피할 수 없으므로 결국은 하느님을 경외하고 그분의 계명을 지키라고 제시합니다. 인생의 본질은 허무하지만, 우리는 하느님 안에서 허무를 극복하고 영원한 삶을 살 수 있음을 역설적으로 암시하고 있습니다.[8]

인간의 육체적 사랑의 이야기인가,
하느님과의 합일의 이야기인가?

아가

구약 성경에서 아가는 이해하기 어렵고 다양한 해석이 존재하는 본문입니다. 그 이유는 이 책의 독특한 내용 때문입니다. 아가는 하느님께 대한 언급이 전혀 없으며 신학적인 내용도 없습니다. 이 본문은 적나라한 남녀 간의 육체적인 애정을 나누는 모습을 표현하고 있습니다. 아가에 대하여 그리스도교적으로 우화적 해석을 처음으로 시도한 사람은 오리게네스(Origenes)입니다. 오리게네스는 이러한 우화적 설명을 통해 아가에서의 남녀 간 사랑을 그리스도와 교회 사이의 사랑으로 인식합니다. 결혼하는 신부를 그리스도의 신비체인 교회로 보았습니다. 오리게네스 이후 많은 교부가 아가를 주석했습니다. 그런데 오리게네스 이후 초대 교회의 교부들은 아가를 알레고리적으로 해석하여 그리스도 구원의 정점으로 보기 시작했습니다.

그 내용을 살펴보면 지나치게 자의적인 해석이라는 생각도 듭니다. 한편, 그 이후 우화적 해석을 배척하고 아가를 완전히 세속적인 부부를 주제로 한 애정 이야기로 보는 해석도 나왔습니다. 또 부부와 상관없는 단순한 남녀의 애정 이야기라는 해석도 있었습니다. 본문에서 신학적 의미를 추론하여 해석하기보다는 내용에서 표현되는 남녀의 사랑 이야기를 문자 그대로 이해해야 한다는 것입니다. 그러나 구약 성경에서 흔히 인간의 사랑과 성애적 표현이 신학적 의미로 상징화되어 사용되었습니다. 아가에서는 전적으로 육체적이고 에로스적 사랑을 표현하고 있습니다. 아가의 특징 중의 하나는 인간의 육체적 사랑을 표현하는 데에 자유롭다는 것입니다. 여성 신체의 아름다움을 묘사하며 찬미하고 있습니다.[9]

연인의 육체를 노골적으로 묘사하는 것은 구약 성경 안에서는 부정적으로 이해되었습니다. 이처럼 구약 성경의 많은 부분에서 인간의 육체는 수치스러운 것이라는 개념이 강했습니다. 그러나 아가에서는 아름다운 육체가 바로 아름다움 자체로 이해될 수 있습니다. 아가에서는 연인이 서로의 육체에 대해 찬양함으로써 아가에서 사랑은 가장 자연스럽고 가장 근본적인 감정으로 이해됩니다. 아가에서 남성과 여성 사이에는 어떠한 권위도 작용하지 않으며, 오로지 사랑의 감정으로 서로를 열렬히 열망합니다. 아가에는 아버지와 하느님께서 전혀 등장하지 않습니다. 아가는 구약 성경의 신학적 전통에서 벗어나 있습니다. 그럼에도 이 책은 수천 년 동안 거룩한 책으로 읽혀 왔습니다. 많은 신학자가 아가를 세속적 사랑을 표현하는 책이 아니라, 분명한 신학적 목적으로 기록된 작품이라고 주장합니다. 그들은 기존의 신학적 표현에 비하여 반어법적인 반전을 통해서 신학적 메시지를 전달한다고 말합니다.

구약의 지혜 문학에 속하는 아가는 참으로 독특한 성경이었기에 많은 질문이 있었고 아가에 대한 해석도 다양한 견해들이 존재했습니다. 그러나 본문의 내용만으로 보면 이스라엘 민족의 남녀 간의 사랑에 대한 적나라한 이야기입니다. 많은 영성 신학자가 이 남녀 간 사랑의 이야기를 신앙인이 하느님과 일치를 이루는 영성 신학적으로 해석하는 주석서를 남겼습니다. 성경 전체를 통하여 가장 감각적이고 선정적인 내용이 가장 영적이고 신비스러운 내용으로 해석되는 것입니다. 남녀 간 사랑의 과정이 정화, 조명, 일치의 하느님께 나아가는 영적 결합의 단계로 해석되는 것입니다.

저는 처음에는 지나친 논리의 비약이라고 생각했습니다. 지금도 신학자들의 해석에 완전히 동의하지는 않습니다. 인간의 삶에 있어서 사랑이라는 것이 제 기억으로는 황홀한 경험이라기보다는 슬프고 아픈 경험으로 다가온 적이 더 많았기 때문입니다. 기쁨과 행복은 잠시뿐이고 그 사랑을 깨지 않으려면 참으로 인내의 시간이 요구된다고 봅니다. 주님을 생각할 때마다 가슴이 뛰고 마음이 설레면 얼마나 좋겠습니까? 고요한 충만함의 느낌은 있습니다. 어쩌면 내 신앙의 출발은 슬픔과 절망인지도 모르겠습니다. 제가 느끼는 하느님의 사랑은 절망에 빠진 사람을 위로하고 함께하시는 모습입니다.

영성가들은 하느님과의 사랑을 인간적 유비로 설명하고자 아가의 에로스적 사랑으로 표현한 듯합니다. 아빌라의 데레사 성녀가 하느님을 사랑하는 데에 있어서 성녀보다 하느님을 더 사랑하는 사람을 용납하지 못하는, 죽음보다 강한 하느님을 열망하는 그 마음에는 공감이 됩니다. 아가에서 표현되는 사랑이 죽음보다 강한 것이라면 그것은 하느님을 향한 사랑으로 비유될 수 있다고 봅니다. 그리고 인간이 누군가를 미치도록 사랑하는데도 불구하고 사랑이 받아들여지지 않을 때의 아픔과 영성가들이 경험했던 하느님 부재의 메마른 경험은 비유가 가능하다고 인식합니다. 그래서 십자가의 요한 성인은 영적 진보의 과정에서 경험하는 영혼의 어두운 밤에 대하여 언급하며 아가도 주석했습니다.[10] 그래도 아가는 인간의 육체적 사랑이 완전한 인간 사랑의 전제 조건임을 성경을 통하여 제시된 본문이라고 봅니다.

하느님께서는
이집트인들과 가나안인들에게도
자비를 베푸셨는가?

지혜서

지혜서는 인간을 의인과 악인으로 구분합니다(지혜 3,1-5,23). 의인은 지혜를 따라 살고 내세에서 영혼 불멸이라는 보상을 받고 (지혜 3,1-3; 5,15) 악인은 어리석음만 추구하다 육체적 죽음과 영혼의 죽음이라는 심판도 받는다고 합니다(지혜 4,19; 5,23). 지혜서는 인과 응보의 법칙을 현세와 내세에 적용시켰습니다. 본문에서 의인은 이스라엘인들이고 악인들은 이집트인들과 가나안인들입니다. 이것이 본문이 가지고 있는 구약 성경적 관점이며 한계입니다.

그럼에도 성경 전체에서 유일하게 이집트인들과 가나안인들에게도 하느님의 배려가 있었다는 것을 제시하는 본문입니다. 그런 의미에서 구약 본문 중에 유일하게 하느님의 보편적 자비의 관점이 표현된다고 봅니다. 하느님께서는 악인에게도 공평하게 자비를 베푸시는데 이에 대해 살펴보고자 합니다. 지혜서 11

장 15절과 12장 2절에서 이집트인들은 뱀이나 추한 짐승 등을 숭배했고(지혜 11,15b), 이것은 그들이 악하고 어리석기 때문이며(지혜 11,15a), 이들의 짐승숭배에도 불구하고 하느님께서는 이들을 파멸하시고자 당신의 강력한 힘을 사용하시거나 사나운 동물들을 보내시지 않으셨고(지혜 11,17-20), 오히려 힘없는 동물들을 보내셨다(지혜 11,15c_9)고 하면서 이것은 이집트인들을 당장 멸망시키시려는 목적이 아니라, 죄를 지으면 징벌을 받는다는 것을 가르치시기 위해서라고 합니다(지혜 11,16). 하느님께서 모든 인간에게 자비를 베푸시는 이유는 당신께서 세상의 모든 것의 창조주이기 때문이라고 합니다. 그러나 악인들은 하느님의 자비에도 불구하고 멸망한다고 합니다.

이를 설명하기 위해서 가나안인들에게 하느님께서 어떻게 자비를 베푸셨는지(지혜 12,3-11), 또 하느님의 자비에도 불구하고 왜 그들이 멸망했는지(지혜 12,12-18)를 이야기합니다. 하느님께서 가나안인들에게 자비를 베푸신 방법은 가나안인들이 하느님께서 싫어하는 악을 행했음(지혜 12,3-6a)에도 불구하고 하느님께서는 그들을 당장 파멸하시지 않고 그들도 인간이기 때문에 그들에게도 보편적인 자비를 베푸셨다고 합니다(지혜 12,8a). 그래서 하느님께서는 이스라엘을 보내시어 그들을 당장 멸망시키거나 들짐승을 보내 끔찍하게 죽게 하거나 말씀 한 마디로 파멸하시지 않고(지혜 12,9), 오히려 말벌을 먼저 보내어 조금씩 징벌하심으로써 회개할 기회를 주셨다고 합니다(지혜 12,8b; 10a).

이집트인들을 깨닫게 하시려고 약한 생물들을 매개로 재앙을 점차적으로 보내신 것처럼 가나안인들에게도 잘못을 깨달을 기회를 충분히 주신 것인데 그들의 악한 생각은 고쳐지지 않았습니다(지혜 12,10). 가나안인들이 하느님의 자비에도 불구하고 멸망한 것은 그들이 종족의 시작부터 악하고 저주받았기 때문이라고 합니다.

제가 보기에는 이집트인들과 가나안인들에게 베푸신 하느님의 자비는 완전한 자비가 아니라, 차별적 자비로 보입니다. 구약에서의 하느님의 자비는 하느님과 계약을 맺은 백성에게만 해당되는 '배타적인 자비'라고 봅니다.

정리하면 지혜서는 세속적으로 불행한 사람들을 위로하면서 우리 삶의 진정한 가치를 제시하고 있습니다. '의인들의 운명'(3장)에서 세상 사람들의 눈에는 의인들의 말로가 고난과 파멸로 여겨지지만 그들은 평화를 누리고 있다고 합니다. 그리고 주님의 은총과 자비 안에서 주님과 함께 살 것이라고 희망을 제시하고 있습니다. 4장에서는 세속적인 행복의 기준인 자식을 가진 사람과 자식이 없는 사람, 요절과 장수의 가치가 전도되면서 역설적으로 세속적인 불행에 대하여 의미를 부여합니다. 7장에서 하느님은 지혜의 인도자이시고 지도자이시며 원천이심을 밝히면서 인간의 능력이 아니라, 하느님께서 주시는 선물이라고 전합니다 (8장). 주목할 내용은 '이집트인에게 내린 하느님의 신중한 징벌'(11장)에서 하느님께서는 당신의 전능하심으로 한 번의 입김만으로도 이집트인들을 칠 수 있으셨음에도 모든 것을 신중하게 처리하셨음을 밝히십니다.

또한 '가나안인들에게 내린 하느님의 신중한 징벌'(12장)에서 가나안인들을 치실 때도 하느님께서는 그들도 인간이기에 소중히 여기시고 당신 군대의 선봉으로 말벌을 보내시어 저들을 조금씩 멸망케 하십니다. 그리고 당신께서는 조금씩 심판하시어 그들에게 회개할 기회를 주십니다. 저는 지혜서를 통하여 하느님을 섬기지 않는 민족들에 대해서도 배려하시는 하느님의 보편적 사랑의 가능성을 조금은 확인할 수 있었습니다.11

예수 그리스도께서는
유다인의 메시아이신가?

이사야서

이사야서를 해석하는 데 있어서 핵심은 하느님께서 인류의 보편적인 하느님이신지, 이스라엘만의 하느님이신지를 파악하는 것이라 생각합니다. 이사야서를 신약 성경 관점에서 해석할 것인지 유다교적 관점에서 해석할 것인지에 대해 많은 성서학자가 통합적인 관점으로 해석하는 듯 싶습니다. 유다교는 하느님과의 관계에 기초한 유다의 종교입니다. 그리스도교는 하느님과 예수님을 통하여 관계를 맺는 보편적 종교입니다. 따라서 유다인들은 이사야서에 나타난 종을 이스라엘, 야곱으로 해석합니다. 그러나 그리스도인은 그 종을 예수님으로 해석합니다. 유다인들은 하느님의 사랑이 포로의 운명 속에서 어떻게 이스라엘을 궁극적으로 회복시킬 것인가라는 위로의 책으로 이사야서를 읽습니다.[12]

아사야서 51장 '아브라함 자손들의 구원'에서 하느님께서는 이스라엘 백성들에게 당신의 구원은 영원하며 대대로 미칠 것이라고 이스라엘 민족들에 대한 배타적인 사랑을 표현하십니다. 시온은 언제나 예루살렘이었습니다. '시온 신학'은 다윗 계약에 기초해 예루살렘과 다윗 왕조는 영원히 무너지지 않는다는 믿음이 핵심입니다. 이사야 예언자는 "이사이의 그루터기에서 햇순이 돋아나고 그 뿌리에서 새싹이 움트리라."(이사 11,1)고 전하며, 이 세상에 오실 메시아의 존재가 다윗의 집안이나 전통과 매우 밀접한 관계가 있음을 시사하고 있습니다. 유다인들의 메시아 사상은 당시 전쟁 상황에서의 불안 속에서 출발했습니다. 그들은 이방인 침략자들로부터의 해방을 추구했고, 따라서 그들은 하느님으로부터 기름 부음 받은 초월적인 존재의 구원을 염원했다고 합니다. 그러므로 메시아는 이스라엘을 구원하기 위하여 하느님께 '기름부음받은이'라는 뜻입니다.[13]

이사야서는 본문의 내용을 통하여 메시아를 언급하고 있으며 성서학자들은 그 메시아를 예수 그리스도로 이해하고 있습니다. 그렇다면 이스라엘의 유다교를 믿는 사람들이 왜 그리스도 신앙을 믿지 않는지에 대해 의문이 생겼습니다. 이스라엘에 성지 순례를 갔을 때 다른 나라 사람들은 예수님의 성지에서 기도하고 경배드리는데, 정작 이스라엘 사람들은 통곡의 벽에서 기도하고 또 그들의 성인식을 거행하고 있었습니다. 그 모습은 제게 많은 것을 생각하게 했습니다.

저는 그 '기름부음받은이'라는 용어가 구약의 본문에서 나타나지만, 그 용어는 예언자, 제사장, 왕을 의미한다고 이해했습니다. '메시아'라는 의미를 부여해 온 이사야 7, 9, 11장 등도 신약학자들의 해석이라고 봅니다. 예수님 말씀의 핵심 메시지는 메시아가 세상에 오는 것이 아니라, 하느님 나라의 도래에 관한 것이라고 생각합니다. 예수님께서는 백성들에게 당신이 메시아이시라고 말씀하시지 않으셨습니다.

히브리 성경에서 다윗은 메시아였고 다윗의 후손으로서 예수 그리스도께서는 마지막 메시아, 메시아를 완성하는 분이셨습니다. 그리고 신약의 예수 그리스도의 원천을 다윗에서 출발하는 마태오 복음의 영향에 의해서 자연스럽게 구약의 메시아에 관한 성경의 기록을 예수 그리스도의 출발점으로 이해했습니다. '기름부음받은이'인 메시아를 그리스도의 예형으로 인식했던 것입니다. 그것이 메시아에 대한 저의 첫 인식이었습니다.[14]

결론적으로 구약은 본질적으로 이스라엘 민족의 역사서라고 봅니다. 그 기본적 근원에 기초하여 신학적으로 학자들은 유다교의 관점에서 또는 이슬람의 관점에서 그리고 그리스도교적 관점에서 해석하는 것이라고 생각합니다. 구약은 구약의 본디 맥락에서 접근하고 해석되어야 하며 신약의 관점에서 투사되었을 때는 논리의 비약이 있을 수 있다고 봅니다. 신앙적 의미의 당위성도 중요하지만, 신학적 연구에 있어서 가장 중요한 것은 객관적 진실이라고 확신하면서 메시아에 관하여 제 나름대로의 의견을 제시해 보았습니다.

제2부

신약 성경에서의 질문

하느님께서는
왜 가라지를 뽑지 않으셨을까?

가라지의 비유

마태 13,36-43

　본문의 비유는 밀과 가라지가 공존하는 현실 속에서 추수 때가 되기 전까지는 밀과 가라지를 식별하기가 어려우니 함부로 판단해서 가라지를 뽑으려다가 밀까지 뽑히는 일이 없도록 하라는 것이 메시지의 핵심입니다. 둘 사이를 분간해서 밀은 곳간에 거두어들이고 가라지는 불태워버리는 일은 추수 때에, 즉 심판의 때에 주인이 추수 꾼을 시켜서 하실 것이므로 선과 악을 쉽게 구별할 수 없는 현실 속에서 함부로 판단하고 단죄하지 말아야 한다는 것입니다.

　우리는 무엇이 하느님의 뜻인지 분별해야 합니다. 우리는 선과 악을 분별해서 선을 택하고 행하는 것이 목적이지, 악을 단죄하고 심판하는 것이 목적이 아닙니다. 예수님께서는 "남을 심판하지 말고 용서하면 하느님께서도 우리를 심판하지 않으시고 용서하실 것이다."(루카 6,37)라고 말씀하셨습니다. 우리가 밀과 가라지를 함부로 판단하지 말고 가라지를 뽑지 말아야 할 이유는 무엇일까요? 인간은 밀이었다가 가라지가 될 수도 있고, 반대로 가라지였다가 밀이 될 수도 있기 때문입니다. 식물은 씨앗부터 밀과 가라지가 결정됩니다. 그러나 사람은 선한 사람과 악한 사람이 미리 결정되는 것이 아닙니다. 인간은 하느님의 모상으로 태어났지만 동시에 죄인입니다. 한 사람 안에 밀이 될 가능성과 가라지가 될 가능성이 공존하는 것입니다. 밀로 살다가 어느 순간에 타락하여 가라지가 될 수도 있고, 가라지로 살다가 변화되어 밀이 될 수도 있습니다.

그렇기 때문에 주님께서는 모든 사람이 삶을 마감할 때 밀이 되기를 바라시는 마음으로 기다리십니다. 우리는 세상 끝날에 밀과 가라지로 나뉠 것입니다. 그럼에도 사랑이신 주님께서는 가라지에게 회심의 시간을 주기를 원하십니다. 주님께서도 죄인이 의인이 될 가능성을 포기하지 않으시는데, 심판받아야 할 처지인 우리가 어떻게 다른 사람을 심판할 수 있겠습니까?

"가라지를 거두어 내다가 밀까지 함께 뽑을지도 모른다."(마태 13,29)는 주님의 말씀은 회개의 가능성을 열어 두자는 말씀입니다.[15] 우리는 이웃을 경솔하게 판단해서는 안 됩니다. 오늘 죄를 지은 사람일지라도 내일 회개할 수 있기 때문입니다. "수확 때까지 둘 다 함께 자라도록 내버려 두어라."(마태 13,30)는 말씀은 의인과 악인을 구별하기가 어렵다는 것입니다. 그리고 완전히 자라기 전에 밀과 가라지는 구별하기가 어렵습니다. 판단은 주님께서 하십니다.

정리해 보면 '가라지의 비유'에서 예수님께서 우리에게 주시는 핵심적인 메시지는 세상에는 밀로 상징되는 진정한 의미의 신앙인과 가라지로 상징되는 세속적인 것을 추구하는 신앙인들이 교회 안에서 공존하고 있다는 것입니다. 가라지를 뽑지 말고 인내심을 가지고 마지막 심판의 그날까지 기다리는데, 그 기다림의 목적은 가라지를 뽑으려다 밀을 다치게 되는 상황에 대한 염려와 가라지의 삶에 대한 존중의 의미와 함께 공동체 전체의 구원에 대한 하느님의 기다림의 의미도 함축한다고 해석하고 싶습니다. 심판의 권한은 오직 예수 그리스도께만 있으시고, 인간들은 자신 안에 밀과 가라지가 공존하고 있으며, 인간은 타인을 단죄하고 심판할 자격이 없습니다. 하느님께서 가라지를 뽑지 않으시는 것은 당신께서 항상 의롭게 살지 못하고 죄를 반복하는 이들에게 용서와 회심의 시간을 주시는 것임을 성찰합니다.

주인은 일한 시간과 상관없이
일꾼 모두에게 왜 같은 품삯을 주는가?

선한 포도밭 주인의 비유

마태 20,1-16

이 비유 말씀은 "하늘 나라는 자기 포도밭에서 일할 일꾼들을 사려는 밭 임자와 같다고 비유하고 있습니다(20,1). 포도밭 주인은 자기 포도밭에서 일할 일꾼들을 고용합니다. 이 일꾼들은 사회의 하층민들이었습니다. 주인은 이른 아침에 나가 일꾼들과 하루 한 데나리온으로 합의하고 그들을 고용합니다(2). 주인이 약속한 삯인 한 데나리온은 날품팔이꾼과 그의 가족이 하루를 살아가는데 필요한 돈입니다. 그 후 주인은 아홉 시쯤에 장터에 나가 하는 일 없이 서 있는 이들을 고용하며 정당한 삯을 주기로 약속합니다(3-4). 주인은 열두 시와 오후 세 시쯤에도 나가서 그와 같이 하였습니다(5). 주인이 오후 다섯 시쯤에도 장터에 나가 보니 또 다른 이들이 서 있었습니다. 그래서 "당신들은 왜 온종일 하는 일 없이 여기 서 있소?" 하고 물으니, "아무도 우리를 사지 않왔기 때문입니다."하고 대답하였습니다(7). 하루해가 저물 때까지 고용되지 못해 일용 노동자와 그 가족의 생계가 위협받는 상황에서 주인은 그들에게 "당신들도 포도밭으로 가시오."라고 말합니다. 저녁때가 되자 포도밭 주인은 맨 나중에 온 이들부터 한 데나리온을 줍니다(8). 맨 먼저 온 이들은 더 받으려니 생각했지만 역시 한 데나리온을 받습니다(10). 그래서 그들은 불평을 터뜨립니다. "맨 나중에 온 저자들은 한 시간만 일했는데도, 뙤약볕 아래에서 온종일 고생한 우리와 똑같이 대우하시는군요"(12). 그러자 주인은 "내가 당신에게 불의를 저지르는 것이 아니오."(13)라고 말합니다. 왜냐하면 주인은 맨 먼저 고용된 이들과 한 데나리온으로 합의하였기 때문입니다. 주인은 합의한 삯을 정당하게 지불했다고 주장합니다. 그리고 "나는 맨 나중에 온 이 사람에게도 당신에게처럼 품삯을 주고 싶소"(14)라고 말하며, "내가 후하다고 해서 시기하는 것이오?"라고 반문합니다(15).

이 본문은 하늘 나라를 자기 포도밭에서 일할 일꾼들을 사려는 밭 임자와 같다고 비유하고 있습니다. 밭 임자는 일꾼들의 품삯을 하루에 한 데나리온으로 정하고 자기 포도밭으로 보냈습니다. 그는 이른 아침과 오전 아홉 시와 열두 시와 오후 세 시와 오후 다섯 시에도 일꾼들을 포도밭으로 보냈습니다. 그런데 포도밭 주인은 일꾼들이 일을 끝내고 품삯을 지불할 때 일한 시간에 관계없이 모두에게 똑같이 한 데나리온을 지불합니다. 일을 많이 한 일꾼이 불만을 터뜨리자 그들을 나무랍니다.

저는 포도밭 주인의 지불 방식에 동의하지 않습니다. 노동의

대가는 일꾼들의 노동 수고에 비례하여 지불되는 것이 공정하다고 생각합니다. 혹시 일꾼 중에서 특별히 배려해야 하는 일꾼이 있다면 품삯과는 별도로 배려해야 한다고 생각합니다. 그런 경우에는 일꾼들도 불평하지 않으리라고 봅니다. 포도밭 주인의 비유를 통하여 우리에게 주시려는 메시지가 분명히 있겠지만, 제 이해는 여기까지입니다.

주석가들은 선한 포도밭 주인의 비유는 세리와 창녀 같은 가난한 사람들에게 특별한 사랑을 베푸시는 예수님을 못마땅하게 생각하던 당시의 종교 지도자들과 바리사이들에게 말씀하신 비유였다고 서술합니다. 세리와 죄인들에게도 은총이 베풀어지는 이유는 그들의 공로와 자격 때문이 아니라, 하느님의 은총 때문이라고 설명합니다. 그들은 선한 포도밭 주인을 은총을 베푸시는 하느님으로 해석하면서, 하느님 은총의 당연한 결과로 주인의 품삯 지불을 정당화하고 있습니다. 이 비유의 핵심적인 논점은 노동 시간이 다름에도 모든 일꾼에게 똑같은 품삯을 지불한 주인에 대한 일꾼들의 불평에 기인합니다. 세상의 기준에서 보면 일꾼들의 불평은 당연해 보입니다. 노동의 시간과 난이도에 따라 차등 지급되어야 하는 것이 합리적이며 공정한 경제 정의입니다.

저는 세상의 기준에 따르는 일꾼들의 당연한 불만에 우선 합당하다고 생각합니다. 포도밭 주인은 노동의 시간 차이에도 불구하고 동일한 임금을 지불한 진정한 의미를 밝혀야 할 것입니다. 일꾼들의 항의가 세상의 경제 논리에서는 정당한 것이기 때문입니다.

복음사가의 편집 의도는, 가난한 사람들에 대한 예수님의 우선적 배려에 분노하고 불평하는 바리사이들에게 그들의 비판이 얼마나 부당하고 무자비한 것인가를 보여 주려는 것이라고 설명합니다.

이 비유는 세상의 기준으로 보면 비합리적인 포도밭 주인이 노동 시간의 차이에도 불구하고 동일한 임금을 지불하는 행위는, 가난하고 소외된 사람들에 대한 우선적 사랑을 통하여 진정한 의미에서 형평적인 분배의 경제 정의 논리를 제시하는 것이라고 합니다. 가난하고 소외된 사람들이 정당하고 선해서가 아니라, 공동체의 일원으로서 함께 살아야 하므로 우선하여 배려해야 하는 대상이라고 합니다. 그것이 예수님께서 우리에게 포도밭 주인의 비유를 통하여 복음의 핵심을 설명하는 것이라고 합니다.

하느님 나라에서는 나눔과 섬김, 형제애, 상호 연대성 그리고 친교가 실현된다고 합니다. 따라서 이 비유가 전달하려는 메시지는 세상의 정의보다도 '하느님의 자비'가 최고의 가치 기준이라는 것입니다.[16] 하느님의 자비라는 말씀 앞에 세속적인 인간의 정의와 논리가 무슨 의미가 있겠습니까? 이해할 수 없지만 순종해야 하는 것이 신앙인의 숙명이라고 봅니다.

예수님께서는 유다가 배신할 것을 아셨는데 왜 참회의 길로 인도하시지 않으셨을까?

유다가 예수님을 배신하다

마태 26,14-16; 마르 14,10-14; 루카 22,3-6; 요한 13,21-30

예수님의 열두 제자 가운데 하나인 유다 이스카리옷이 수석 사제들에게 가서 은전 서른 닢에 예수님을 팔기로 합니다. 그러나 예수님께서는 유다가 배신할 것을 미리 아시고 제자들에게 "너희 가운데 한 사람이 나를 팔아넘길 것이다."(마태 26,21)라고 예고하십니다.

그때에 예수님을 팔아넘긴 유다는 그분께서 사형 선고를 받으신 것을 보고 뉘우치고서는, 그 은돈 서른 닢을 수석 사제들과 원로들에게 돌려주면서 말하였다. "죄 없는 분을 팔아넘겨 죽게 만들었으니 저는 죄를 지었소." 그러나 그들은 "우리와 무슨 상관이냐? 그것은 네 일이다." 하였다. 유다는 그 은돈을 성전 안에다 내던지고 물러가서 목을 매달아 죽었다. 수석

사제들은 그 은돈을 거두면서, "이것은 피 값이니 성전 금고에
넣어서는 안 되겠소." 하고 말하였다(마태 27,3-6).

유다는 예수님께서 십자가에 못 박혀 돌아가시자 바로 뉘우치
고 은전 서른 닢을 수석 사제들과 원로들에게 돌려주고 스스로
목을 매달아 죽었습니다. 유다가 예수님을 배신하게 된 동기가
마태오 복음에서는 유다가 돈을 받고자 예수님을 배신했다고 주
장하고 있습니다(마태 26,15). 유다가 탐욕스러운 인간이어서 예수
님을 팔았다는 것입니다. 그런데 이 본문을 참고하면 돈의 액수
가 예수님의 몸값으로는 너무 적습니다. 유다가 얻게 되는 돈이
은전 삼십 닢인데 그가 예수님을 배반한 동기라고 하기에는 너
무 적은 듯 싶습니다. 더구나 예수님을 죽음으로 몰아넣으면서
까지 필요했던 돈을 돌려주고는 죽음을 선택합니다. 그래서 유
다가 예수님을 배반한 동기에 대하여 질문이 생겼습니다. 아마
도 돈 때문이 아니라, 유다가 예수님께 걸었던 기대가 실망으로
돌아섰기 때문이 아닐까라는 생각이 듭니다.

유다는 예수님을 따르면서 예수님의 많은 기적을 목격했습니
다. 유다는 예수님이 하느님의 아드님이시라는 것을 확실히 믿
었나 봅니다. 그래서 유다는 전지전능하신 예수님께서 로마의
지배에서 백성들을 구해 내시고 독립시키실 수 있는 정치적 메
시아로 믿은 듯 싶습니다. 유다는 열심 당원으로서 로마의 폭정
을 전복시키고 예루살렘에 하느님의 나라가 건설되기를 열렬히
고대했던 혁명적인 사람인 것으로 보입니다. 그런데 예수님께서

는 혁명을 실행하시기는커녕 당신이 십자가에 매달리게 될 것이라는 말을 하시고 최후 만찬까지 하시자 그는 너무 충격을 받아 실망했을 것입니다. 마침내 실망과 분노에 찬 유다는 예수님을 배반하게 된 것으로 추론해 봅니다. 이렇게 보면 유다는 돈이 아니라, 자신의 정치적 기대와 야망에 대한 실망감으로 말미암아 예수님을 배반하기에 이르렀다고 볼 수 있습니다. 객관적인 증거는 없지만 그가 다른 제자들과 더불어 '예수 운동'이 정치적으로 성공한 후 집권 주체가 되어 그 속에서 자신의 역할을 기대했으리라는 추론은 가능하다고 봅니다.

마지막으로 추론해 보는 점은 신학적인 동기인데 예수님의 운명을 결정하는 하느님의 뜻이 이루어지는 데에 필요한 역할을 유다가 담당했다고 하는 해석입니다. 실제적인 결정은 하느님의 계획 안에서 이루어졌음을 시사하기 위해서라는 것입니다. 여기서 예수님 죽음의 직접적인 원인을 살펴보면 유다 지도자들과의 충돌 때문이었습니다. 그 충돌의 원인은 당시 그들의 체제에 대한 예수님의 도전에서 비롯되었다고 볼 수 있을 것 입니다. 예수님의 도전으로 말미암은 체제의 붕괴가 그들을 위기감 속으로 몰아넣었기 때문일 것입니다. 유다가 기대했던 예수님께서는 영웅적인 집권자로서의 메시아였던 것으로 보입니다. 그래서 그는 수난의 메시아를 거부하고 영광의 메시아를 얻고자 유다교 지도자들에게 예수님을 넘긴 것으로 추론하는 의견도 있지만, 신학적 논리의 비약이라고 보고 동의하지는 않습니다.[17]

이 본문에 대한 의문점은 예수님을 세 번이나 부인했던 베드로에 대한 관대하심과 비교하면 상대적으로 유다에게는 냉담하시다는 것입니다. 유다를 두둔하려는 것은 아니어도, 왜 유다에게 구원의 기회를 주시지 않으셨는지 궁금했습니다. 어쩌면 예수 그리스도의 십자가 사건을 위하여 누군가는 악역을 맡아야 했고, 그 역할을 유다가 했다고도 생각해 본 적은 있습니다. 유다는 분명히 죄인입니다. 그러나 유다에게 한 가닥 연민을 느꼈습니다. 우리도 진정으로 깨어 있지 않으면 유다처럼 세속적인 가치에 사로잡혀 예수님을 떠날 수도 있겠다는 생각 때문입니다. 우리에게 진실로 돈이나 명예보다 예수 그리스도가 최고의 가치입니까?

그리스도인들은 이웃을 섬기고 있는가?

출세와 섬김

마태 20,20-28; 마르 10,35-45; 루카 22,25-27

제베대오의 두 아들 야고보와 요한이 예수님께 다가와, "스승님, 저희가 스승님께 청하는 대로 저희에게 해 주시기를 바랍니다." 하고 말하였다. 예수님께서 그들에게 "내가 너희에게 무엇을 해 주기를 바라느냐?" 하고 물으시자, 그들이 "스승님께서 영광을 받으실 때에 저희를 하나는 스승님 오른쪽에, 하나는 왼쪽에 앉게 해 주십시오." 하고 대답하였다. … 다른 열 제자가 이 말을 듣고 야고보와 요한을 불쾌하게 여기기 시작하였다(마르 10,35-41).

섬기는 것보다는 섬김받는 것을 더 좋아하는 것이 인간의 속성이라고 봅니다. 제베대오의 두 아들인 야고보와 요한이 예수님께 다가와 "스승님, 저희가 스승님께 청하는 대로 저희에게 해 주시기를 바랍니다.”⁽마르 10,35⁾라며 예수님께 섬김받는 자리를 간청합니다. 그들이 이런 간청을 하는 것은 제자의 직분이 섬기는 것이라는 것을 인식하지 못하기 때문입니다. 따라서 이 본문은 예수님을 따르는 사제, 수도자, 평신도 모두에게 진정으로 섬기는 사람인지를 질문하는 것입니다. 예수님께서는 세 번이나 당신의 수난을 예고하십니다. 하지만 제자들은 세 번 다 예수님의 말씀을 이해하지 못합니다. 첫 번째 예고에서 베드로는 예수님의 수난과 죽음을 반대했습니다. 그래서 베드로는 예수님으로부터 하느님의 일은 생각하지 않고 사람의 일만을 생각한다고 꾸지람을 듣습니다. 두 번째의 예고에서 제자들은 그들 가운데 누가 가장 높은 사람이 될 것인지를 따집니다. 세 번째 예고에서 야고보와 요한은 높은 자리를 요청합니다.

예수님께서는 십자가 수난과 죽음을 생각하고 계시는데 제자들은 앞으로 다가올 영광만 생각하고 있습니다. 예수님께서 얼마나 슬프셨겠습니까? 예수님께서는 그들에게 “내가 마시는 잔을 너희가 마실 수 있으며, 내가 받는 세례를 너희가 받을 수 있느냐?”⁽마르 10,38⁾고 물으십니다. 십자가의 수난과 고통과 죽음의 세례를 받을 수 있느냐는 것입니다. 그런데 예수님의 이 말씀을 이해하지 못한 야고보와 요한은 “할 수 있습니다.”⁽마르 10,39⁾ 하고 자신 있게 대답합니다. 그런 그들은 예수님의 수난이 시작되는 성목요일의 겟세마니 동산에서 모두 도망을 쳤습니다. 제자들의 자신 있는 대답은 우리가 하느님 앞에서 신앙을 고백할 때 얼마나 신중히 성찰해야 하는지를 깨닫게 합니다. 예수님께서는 제자들도 당신께서 가신 길을 가게 될 것이라고 예고하십니다. 그 때도 제자들은 그 말씀의 의미를 모릅니다. 이 본문을 보면 제자들은 예수님 말씀의 의미를 알아듣지 못하고 자신들의 명예만 생각하고 있었다고 말할 수 있습니다. 다른 열 제자가 예수님과 두 사도의 대화를 듣고서 불쾌하게 여겼다는 것은, 그들도 속으로는 높은 자리를 욕심내고 있었음을 나타냅니다.

> 예수님께서 그들에게 "너희는 너희가 무엇을 청하는지 알지도 못한다. 내가 마시는 잔을 너희가 마실 수 있으며, 내가 받는 세례를 너희가 받을 수 있느냐?" 하고 물으셨다. 그들이 "할 수 있습니다." 하고 대답하자, 예수님께서 그들에게 말씀하셨다. "내가 마시는 잔을 너희도 마시고, 내가 받는 세례를 너희도 받을 것이다. 그러나 내 오른쪽이나 왼쪽에 앉는 것은 내가 허락할 일이 아니라, 정해진 이들에게 돌아가는 것이다"(마르 10,38-40).

예수님께서 가셔야 하는 길은 고난의 십자가 길인데 그것도 모른 채 자신의 출세에만 집착하는 제자들은 우리들의 모습과 너무 닮았습니다. 예수님께서는 우리에게 세속적인 어떤 것도 주시겠다고 약속하신 적이 없습니다. 두 사도의 고난과 순교를 예언하고 계시는 것입니다. 예수님께서 계속해서 말씀하십니다.

"고관들은 백성에게 세도를 부린다. 그러나 너희는 그래서는 안 된다. 너희 가운데에서 높은 사람이 되려는 이는 너희를 섬기는 사람이 되어야 한다. 또한 너희 가운데에서 첫째가 되려는 이는 모든 이의 종이 되어야 한다. 사실 사람의 아들은 섬김을 받으러 온 것이 아니라, 섬기러 왔고, 또 많은 이의 몸값으로 자기 목숨을 바치러 왔다"(마르 10,42-45).

예수님께서는 사람의 아들은 섬김을 받으러 온 것이 아니라, 섬기러 왔고 또 많은 이의 몸값으로 자기 목숨을 바치러 왔다는 본질적인 소명에 대하여 말씀하십니다. 이 말씀은 오늘날 하느님의 부르심을 받고 거룩한 하느님의 섬김을 실천해야 할 사제들과 수도자 그리고 신자들을 가르치는 위치에 있는 이들 모두가 깊이 성찰해야 할 말씀이라고 봅니다.

어쩌면 많은 사제와 수도자, 평신도가 스스로도 의식하지 못하는 사이에 너무나도 자연스럽게 높은 자리에 당연하게 앉아 있는 것은 아닌지요. 예수님의 백성으로서 가장 합당한 자세는 겸손하고 낮은 자세임을 항상 잊지 않아야 하겠습니다. 봉사라는 이름의 뒷자리에서 섬김을 기대하고 즐기고 있지는 않은지 자문해 봅시다.

예수 그리스도께서는
다윗의 주님이신가?

다윗의 자손이시며 주님이신 예수 그리스도

마태 22,41-46; 마르 12,35-37; 루카 20,41-44

예수님께서는 성전에서 가르치시며 말씀하셨다. "어찌하여 율법 학자들은 메시아가 다윗의 자손이라고 말하느냐? 다윗 자신이 성령의 도움으로 말하였다. '주님께서 내 주님께 말씀 하셨다. 내 오른쪽에 앉아라, 내가 너의 원수들을 네 발아래 잡아 놓을 때까지.' 이렇듯 다윗 스스로 메시아를 주님이라고 말하는데, 어떻게 메시아가 다윗의 자손이 되느냐?" 많은 군중이 예수님의 말씀을 기쁘게 들었다(마르 12,35-37).

이 본문을 처음 읽었을 때 예수님께서 다윗의 자손인데 다윗이 예수님을 주님이라고 부른 의미를 이해하기 어려웠습니다. 다윗이 주님이라고 부르는 분이 예수님이라고 단정하기에는 시간의 개념으로 설명할 수 없기 때문입니다. 예수님께서는 이 본문에서 율법 학자들에게 메시아가 유다인들만의 배타적인 메시아인가를 묻고 계십니다. 아울러 예수님의 정체가 다윗의 자손을 넘어 모든 사람의 메시아이심을 밝히십니다.

예수님께서 사람이 되어 오실 때, 족보에도 기록되어 있듯이 다윗의 후손으로 오셨습니다. 그리고 성경에는 하느님께서 다윗을 선택하시어 이스라엘을 구원할 메시아가 다윗에게서 나온다고 기록되어 있습니다. 그래서 유다인들은 다윗의 후손 가운데에서 메시아가 나오기를 기다리고 있었습니다. 그러나 그 메시아가 참하느님이란 사실은 생각하지 못했습니다. 예수 그리스도께서 다윗의 후손으로 오신 메시아이시지만 그분께서 참하느님이시라는 사실을 믿지 못했던 것입니다. 그래서 예수님께서 직접 성경 말씀을 들어 메시아에 관한 잘못된 생각들을 바로잡으십니다. 시편 110편의 말씀을 통해 다윗이 주님이라고 불렀던 바로 그 주님, 곧 참하느님이심을 드러내셨습니다.

예수님께서는 메시아가 유다인들만을 위한 배타적인 메시아가 아니라, 모든 사람을 구원하는 구세주라는 것을 암시하셨습니다. 곧 유대인들에게 메시아는 다윗의 자손입니다. 메시아는 혈통에 의해 다윗의 자손이 되지만, 예수님께서는 하느님으로부터 태어나셨으며 신적인 사명을 지니신 주님이십니다(마태 22,41-46 참조).

이 본문은 예수님 공생활의 마지막 주간에 있었던 일입니다. 예수님께서는 십자가형을 받으시고자 예루살렘에 입성하십니다. 율법 학자, 사두가이, 바리사이들은 준비해 온 질문으로 예수님께 총공세를 가합니다. 그러나 그들은 예수님의 답변에 논쟁조차 못합니다. 예수님께서 그들에게 반문하십니다.

> "너희는 메시아를 어떻게 생각하느냐? 그는 누구의 자손이
> 냐?" 그들이 "다윗의 자손입니다." 하고 대답하자, 예수님께서
> 그들에게 말씀하셨다. "그러면 다윗이 성령의 도움으로 그를
> 주님이라고 부른 것은 어찌 된 일이냐?"(마태 22,42-43)

신약 성경은 분명히 그리스도가 다윗의 후손에서 온다고 했습니다. 그런데 다윗 자신은 성령에 감동되어 자기 후손인 그리스도를 보고 '내 주님'이라고 불렀다는 것입니다. 선조 할아버지가 천년 뒤에 태어날 자신의 후손을 향해 '내 주님'이라고 불렀다는 것입니다. 그리스도는 분명히 다윗의 후손이고 한편 다윗의 주님이라는 것을 설명해 보라는 것입니다. 다윗이 그리스도를 주님이라고 부르는데 어떻게 그의 자손이 되겠느냐는 말씀에 그들이 어떻게 대답하겠습니까? 예수님은 인간으로서는 다윗의 족보를 따라 베들레헴에서 태어나셨지만 이미 선재하신 하느님이시라는 것입니다. 육화의 신비입니다.

예수님께서는 이 본문에서 메시아에 대한 중요한 말씀을 하십니다. 율법 학자들이 메시아가 다윗의 자손이라고 말하는 것에 대하여 다윗이 성령의 도움으로 메시아를 주님이라고 고백함으로써 메시아가 다윗의 자손이 아니라, 하느님의 아드님이심을 고백한다는 것을 암시하고 있습니다. 예수님께서는 다윗의 자

손으로서 이스라엘 민족의 배타적인 메시아가 아니라, 하느님의 아드님으로서 보편적인 하느님 백성의 구세주라는 것을 선포하십니다.

베드로는 왜 예수님을 부인했을까?

베드로가 예수님을 모른다고 하다

마태 26장, 루카 22장, 마르 14장

그때에 예수님께서 제자들에게 말씀하셨다. "오늘 밤에 너희
는 모두 나에게서 떨어져 나갈 것이다. 성경에 '내가 목자를
치리니 양 떼가 흩어지리라.'(즈카 13,7)고 기록되어 있기 때문이
다. 그러나 나는 되살아나서 너희보다 먼저 갈릴래아로 갈 것
이다." 그러자 베드로가 예수님께 말하였다. "모두 스승님에
게서 떨어져 나갈지라도, 저는 결코 떨어져 나가지 않을 것입
니다." 예수님께서 그에게 말씀하셨다. "내가 진실로 너에게
말한다. 오늘 밤 닭이 울기 전에 너는 세 번이나 나를 모른다
고 할 것이다." 베드로가 다시 예수님께 말하였다. "스승님과
함께 죽는 한이 있더라도, 저는 스승님을 모른다고 하지 않겠
습니다." 다른 제자들도 모두 그렇게 말하였다(마태 26,31-35).

이 본문은 예수님께서 십자가에 달리시기 전날 제자들과의 마지막 이별 장면을 담고 있습니다. 예수님께서는 당신 자신이 십자가에서 희생되어야 함을 제자들에게 여러 번 말씀하셨습니다. 마태오 복음 26장 31-35절은 특히 예수님께서 제자들과 만찬을 마치시고 제자들에게 전한 마지막 공식 메시지입니다. 만찬 뒤 예수님께서는 제자들에게 이야기를 시작하십니다. 예수님께서는 구약을 인용하시어 제자들이 당신을 버리게 될 것이라고 예고하십니다. 제자들은 자신들의 충성심이 의심받는 것 같아 불쾌했습니다. 그러나 베드로는 과도한 충성심을 표현합니다. 그러자 예수님께서는 베드로에게 닭이 울기 전에 세 번이나 부인할 것이라고 말씀하십니다. 베드로는 자신이 주님과 함께 죽을지언정 결코 부인하지 않겠다며 재차 충성을 맹세합니다.

베드로는 예수님의 예언대로 예수님과 함께 있었던 사람이라고 묻는 첫 번째 질문도 부인하고, 예수님과 한패라고 말하는 두 번째 질문도 부인하고 마지막으로 갈릴래아 사람이니 한패라고 묻는 질문에 거짓이면 천벌을 받겠다는 맹세까지 하며 예수님을 모른다고 부인합니다. 그러자 닭이 두 번째 울자 베드로는 예수님께서 닭이 두 번 울기 전에 너는 세 번이나 나를 모른다고 할 것이라고 하신 말씀이 생각나서 울기 시작합니다. 베드로가 예수님을 세 번씩이나 부인한 사건을 읽고 그를 비난할 수도 있습니다. 그러나 우리가 그 자리에 있다 하더라도 베드로와 다르지 않았을 것이라고 생각합니다.

이 본문은 우리들의 이야기이며 저의 이야기입니다. 저는 이 본문을 읽으면서 인간의 한계를 절실히 깨달았습니다. 저는 베드로가 특별히 나쁜 사람으로 생각되지 않았습니다. 베드로가 주님을 배반했다는 표현보다는 거짓말한 것이라는 표현이 더 적합해 보입니다. 베드로는 예수님을 배반한다는 의도보다 순간적인 두려움에 사로잡혀 깊이 생각할 여유도 없이 본능적으로 예수님을 모른다고 거짓말했다고 봅니다. 저 자신을 그 자리에 갖다 놓았어도 죽음이 두려워서 예수님을 모른다고 했을 것 같았습니다. 그것은 지극히 인간적으로 연약한 우리들의 본모습이라는 생각이 들었습니다. 중요한 것은 죄를 지었음에도 불구하고 회개하여 예수님께 돌아가는 것이라고 봅니다.

베드로는 예수님을 죽이려는 빌라도의 법정 뜰에서 예수님을 부인했지만, 우리도 우리 삶의 여정 속에서 진실을, 진리이신 예수님을 부인한 적은 없었나요? 유다도 그리고 베드로도 예수님을 배신했습니다. 그렇지만 한 사람은 스스로 죄인인 채로 목숨을 버렸고, 한 사람은 회심하여 예수님의 가르침과 말씀을 전파하다가 순교했습니다. 여기서 우리는 죄의 결과가 가져오는 '다름'을 묵상합니다. 또 인간 존재의 연약함을 발견하게 됩니다. 우리의 삶은 죄 지음과 뉘우침의 악순환을 반복하는 것입니다. 우리는 세 번이나 당신을 부인한 베드로를 물끄러미 바라보시는 주님의 눈을 기억해야 합니다. 지금 이 시간 주님께서 우리를 바라보고 계십니다. 그리고 우리는 통곡합니다.

안식일에는 쉬어야 하는가?

제자들이 안식일에 밀 이삭을 뜯고,
예수님께서 손이 오그라든 사람을 고치시다

루카 6,1-11

예수님께서 제자들과 함께 안식일에 밀밭 사이를 지나가시게 되었는데 제자들이 밀 이삭을 뜯어 손으로 비벼 먹었습니다. 배가 고팠던 모양입니다. 이를 본 바리사이들이 "왜 안식일에 해서는 안 되는 일을 하오?"(루카 6,2) 하고 항의합니다. 이스라엘 백성에게 안식일은 주님께 바쳐진 거룩한 날이었고 안식일에 일을 하는 사람은 사형에 처해졌습니다(탈출 30,12-17 참조). 그러자 예수님께서 배고픈 다윗 일행이 안식일에 성전에 들어가 먹어서는 안 되는 빵을 먹은 예를 드십니다(루카 6,3-4 참조).

안식일에 대한 첫 언급은 창세기 2장 1-3절에서 천지 창조를 완성하신 하느님께서 일곱째 날에 쉬시고, 이날을 거룩하게 하셨다고 기록되어 있습니다. 안식일의 근원적 의미는 휴식과 축복과 거룩함이라고 합니다. 6일 동안 열심히 일하고 쉬는 것입니다. 그리고 하느님의 백성으로서 축복받기 위하여 거룩한 미사에 참여하여 하느님을 기억하고 하느님 백성임을 확인받는다고 봅니다. 그런데 예수님께서 오셔서 안식일의 의미를 새롭게 세우셨습니다. 예수님께서는 안식일에 제자들이 이삭을 따먹는 것을 옹호하셨고, 병자를 치유하시면서 안식일이 인간을 위하여 존재한다고 선언하십니다. 예수 그리스도께서 구약의 안식일의 의미를 신약에서 새로운 의미의 안식일로 완성하셨습니다.

그리고 예수님께서는 손이 오그라든 사람을 가운데 세워 놓고는 물으십니다. "안식일에 좋은 일을 하는 것이 합당하냐? 남을 해치는 일을 하는 것이 합당하냐? 목숨을 구하는 것이 합당하냐? 죽이는 것이 합당하냐?"(루카 6,9) 그리고 예수님께서는 주위를 둘러보시고 나서 바로 "손을 뻗어라."(루카 6,10)고 말씀하시어 그 사람을 고쳐 주십니다.

이 본문의 두 이야기는 우리에게 안식일의 진정한 의미를 성찰하게 해 줍니다. 그리고 율법적인 시각으로 이웃을 판단하고 단죄하지 않았는지 성찰해 보아야겠습니다. 예수님께서는 율법의 진정한 의미를 제시하셨습니다. 또한, 진정으로 인간을 위하는 것이 율법이나 형식이 아니라, 실질적인 사랑의 실천임을 제시하십니다.

가난하고 굶주리고 우는 사람들은 행복한가?

참행복과 불행 선언

루카 6,17-49; 마태 5,1-12

예수님께서 눈을 들어 제자들을 보시며 말씀하셨다. "행복하여라, 가난한 사람들! 하느님의 나라가 너희 것이다. 행복하여라, 지금 굶주리는 사람들! 너희는 배부르게 될 것이다. 행복하여라, 지금 우는 사람들! 너희는 웃게 될 것이다. 사람들이 너희를 미워하면, 그리고 사람의 아들 때문에 너희를 쫓아내고 모욕하고 중상하면, 너희는 행복하다! 그날에 기뻐하고 뛰놀아라. 보라, 너희가 하늘에서 받을 상이 크다. 사실 그들의 조상들도 예언자들을 그렇게 대하였다." "그러나 불행하여라, 너희 부유한 사람들! 너희는 이미 위로를 받았다. 불행하여라, 너희 지금 배부른 사람들! 너희는 굶주리게 될 것이다. 불행하여라, 지금 웃는 사람들! 너희는 슬퍼하며 울게 될 것이다. 모든 사람이 너희를 좋게 말하면, 너희는 불행하다! 사실 그들의 조상들도 거짓 예언자들을 그렇게 대하였다"(루카 6,20-26).

이 본문을 루카 복음은 '평지 설교'라 부르고 마태오 복음은 '산상 설교'라고 부릅니다.[18] 마태오 복음과 루가 복음 모두 '행복 선언'으로 시작하고 있습니다. 가난한 사람, 굶주린 사람, 슬퍼하는 사람은 모두 이 세상에서 힘들게 살아가는 가련한 사람들입니다. 그런데 그들이 행복하다고 예수님께서는 말씀하십니다. 이 행복 선언은 우리의 생각이나 상식과 다른 역설적인 내용을 담고 있습니다. 그래서 우리 인간의 관점에서 받아들이기가 어렵습니다. 하나의 교훈적인 말씀으로는 이해하지만 자신의 삶으로 선택해서 살아내기에는 현실적으로 쉽지 않아 보입니다. 루카는 배 불리 먹는 사람들, 지금 웃는 사람들과 좋은 말만 듣는 사람들은 불행하다고 합니다. 그들은 현세적 행복을 누리는 사람들입니다.

그리스도인으로서 이 세상을 살아가기가 힘든 이유는 현세적 행복을 포기해야 하기 때문입니다. 예수님께서는 가난한 사람들에게 하느님 나라가 그들의 것이라고 말씀하십니다. 그리고 굶주리는 사람들은 배부르게 될 것이고 우는 사람은 웃게 될 것이라고 말씀하십니다. 사람들이 미워하고 쫓아내고 모욕하고 중상하면 행복하다고 그 가치의 전도에 대하여 역설적으로 말씀하십니다. 그리고 부유한 사람들과 배부른 사람들은 이미 위로를 받았기에 굶주리게 될 것이며 지금 웃는 사람들은 울게 될 것이라고 하십니다. 이 본문은 신약 성경에서 예수 그리스도의 핵심적인 가르침인데 얼마나 많은 신앙인이 이 가르침을 믿고 따르겠습니까? 스스로에게 물어 보십시오. 예수님의 이 가르침이 그저 상징적이고 선언적인 의미로 이해되는 것은 아닌지요? 예수 그리스도 복음 말씀의 핵심은 세상의 행복에 대한 새로운 가치 평가의 기준을 제시하신 것입니다. 가치 평가의 기준이나 우리가 하느님의 현존을 발견하는 방식에 있어서도 그리스도교는 역설의 종교입니다. 아마도 대부분의 신앙인들은 현세의 행복을 포기하지 않을 것입니다. 제가 이해하기로는 이 역설적인 말씀이 실현되려면 인간의 생물학적인 죽음 이후에 내세의 영원한 하느님 나라가 반드시 있어야 한다고 생각합니다. 영원한 생명에 대한 믿음이 신앙인의 분기점이라고 봅니다.

누가 우리의 이웃인가?

착한 사마리아인의 비유

루카 10,29-37

그 율법 교사는 자기가 정당함을 드러내고 싶어서 예수님께, "그러면 누가 저의 이웃입니까?" 하고 물었다. 예수님께서 응답하셨다. "어떤 사람이 예루살렘에서 예리코로 내려가다가 강도들을 만났다. 강도들은 그의 옷을 벗기고 그를 때려 초주검으로 만들어 놓고 가 버렸다. 마침 어떤 사제가 그 길로 내려가다가 그를 보고서는, 길 반대쪽으로 지나가 버렸다. 레위인도 마찬가지로 그곳에 이르러 그를 보고서는, 길 반대쪽으로 지나가 버렸다. 그런데 여행을 하던 어떤 사마리아인은 그가 있는 곳에 이르러 그를 보고서는, 가엾은 마음이 들었다. 그래서 그에게 다가가 상처에 기름과 포도주를 붓고 싸맨 다음, 자기 노새에 태워 여관으로 데리고 가서 돌보아 주었다. 이튿날 그는 두 데나리온을 꺼내 여관 주인에게 주면서, '저 사람을 돌보아 주십시오. 비용이 더 들면 제가 돌아올 때에 갚아 드리겠습니다.' 하고 말하였다. 너는 이 세 사람 가운데에서 누가 강도를 만난 사람에게 이웃이 되어 주었다고 생각하느냐?" 율법 교사가 "그에게 자비를 베푼 사람입니다." 하고 대답하자, 예수님께서 그에게 이르셨다. "가서 너도 그렇게 하여라(루카 10,29-37).

어떤 율법 교사가 일어서서 예수님을 시험하려고 말합니다. "스승님, 제가 무엇을 해야 영원한 생명을 받을 수 있습니까?" 율법 교사는 예수님께 영원한 생명을 얻는 방법을 묻습니다. 예수님께서는 율법 교사에게 율법에서는 영원한 생명을 얻는 방법이 무엇인지 되물으십니다. 그랬더니 율법 교사는 "네 마음을 다하며 목숨을 다하며 힘을 다하며 뜻을 다하여 주 너의 하느님을 사랑하고 또한 네 이웃을 네 몸과 같이 사랑하라는 것"이라고 대답합니다. 그래서 주님께서 "옳게 대답하였다. 그렇게 하여라."고 하십니다(루카 10,25-28 참조).

이어서 율법 교사가 "누가 내 이웃입니까?"(루카 10,29) 하고 묻습니다. 그러자 예수님께서는 '착한 사마리아인의 비유'를 통해 누가 진정한 이웃인가를 설명하십니다. 유다인들에게 이방인들과 사마리아 사람들은 절대 이웃이 될 수 없었습니다. 유다인들의 이웃은 자기들과 같은 민족과 유다교를 믿고 자기 민족으로 편입이 된 사람들에 한해 이웃을 삼았습니다.

어떤 이가 예루살렘에서 예리코로 내려가다가 강도를 만나서 초주검이 되도록 맞았습니다. 예루살렘에서 예리코로 내려가는 길은 당시에 강도가 출몰하는 위험한 지역이었습니다. 길가에 누워 있는 사람도 많았습니다. 이곳을 오가던 사람들이 길에서 신음하고 있는 이들을 보고서도 그냥 바삐 지나가곤 했던 것입니다. 누가 내 이웃인지를 묻는 율법 교사에게 예수님께서는 누가 강도 만난 이의 이웃인지를 되물으십니다. 구약의 율법과 제사를 상징하는 사제와 레위인은 초주검이 된 이를 보고도 그냥 지나갑니다. 사제와 레위인이 그냥 지나친 이유는 그들은 성전으로 제사를 지내러 가야 했기에 절대 부정한 것을 만져서는 안 되는 율법의 사람들이었기 때문입니다.[19]

그리고 사마리아인이 다가옵니다. 예루살렘에서 예리코로 가는 길은 유다 땅입니다. 유다 땅에서의 사마리아인은 사람 취급도 못 받았고, 심지어 유다인의 원수였습니다. 그 형식적인 율법과 제사의 땅에 진짜 선한 이방인이 위험을 무릅쓰고 원수를 살려냅니다. 십자가 수난의 삶으로 인간을 구원하러 오신 이 세상의 이방인인 선한 예수님이 바로 그 사마리아인으로 비유되고 있는 것입니다. 우리는 자신의 힘으로 하느님을 목숨 걸고 사랑하고 이웃을 내 몸처럼 사랑할 수 없는 존재입니다. 우리는 선한 이웃으로 오신 예수님의 사랑에 의지하여 영원한 생명으로 가야 하는 존재들인 것입니다. "영원한 생명이란 홀로 참하느님이신 아버지를 알고 아버지께서 보내신 예수 그리스도를 아는 것입니다"(요한 17,3).

당연히 돌보아 줄 것이라고 예상되던 사제나 레위인은 지나쳐

버리고 그 당시 이방인인 사마리아인이 돌보는 사태가 일어납니다. 율법 교사는 그리스도께 누가 '나의' 이웃인지를 묻습니다. 예수님께서 사마리아인의 비유를 들려주시며 이 가운데 누가 '너에게' 이웃으로 보이는지(루가 10,36) 되물으십니다. 이를 통하여 그 당시 유다인들이 가장 경멸하는 사마리아인이 이웃이라는 대답을 율법 교사에게서 이끌어 내십니다. 그리고 너도 가서 그렇게 이웃이 되라고 하십니다.

이 본문이 우리에게 던지는 메시지는 무엇일까요? 착한 사마리아인은 고통받는 사람이며 아파하는 사람입니다. 바로 예수님입니다. 예수님께서는 '착한 사마리아인의 비유'를 통하여 함께 살아가는 길을 제시하십니다. 예수님께서는 우리의 삶의 여정에서 만나는 도움을 필요로 하는 어려움에 처한 사람은 누구든지 우리의 이웃이라고 가르치고 계십니다. 이 이웃 사랑이 바로 예수님을 따르는 길입니다. 예수님께서는 "가서 너도 그렇게 하여라."(루카 10,37)는 말씀으로 고통받는 이와 함께 아파하는 실천의 길로 초대하고 계십니다.

마르타도 필요하지 않을까?

마르타와 마리아

루카 10,38-42

그들이 길을 가다가 예수님께서 어떤 마을에 들어가셨다. 그러자 마르타라는 여자가 예수님을 자기 집으로 모셔 들였다. 마르타에게는 마리아라는 동생이 있었는데, 마리아는 주님의 발치에 앉아 그분의 말씀을 듣고 있었다. 그러나 마르타는 갖가지 시중드는 일로 분주하였다. 그래서 예수님께 다가가, "주님, 제 동생이 저 혼자 시중들게 내버려 두는데도 보고만 계십니까? 저를 도우라고 동생에게 일러 주십시오." 하고 말하였다. 주님께서 마르타에게 대답하셨다. "마르타야, 마르타야! 너는 많은 일을 염려하고 걱정하는구나. 그러나 필요한 것은 한 가지뿐이다. 마리아는 좋은 몫을 선택하였다. 그리고 그것을 빼앗기지 않을 것이다"(루카 10,38-42).

예수님께서 마르타와 마리아의 집을 방문하셨을 때 있었던 이 이야기는 신앙인의 믿음의 자세에 대하여 성찰하게 합니다. 예수님께서는 사마리아를 거쳐 예루살렘으로 향해 가시던 도중 마르타와 마리아라는 자매가 살고 있는 베타니아에 들르시고, 마르타는 예수님을 집으로 모십니다. 동생 마리아는 예수님 발치에 앉아서 그분의 말씀을 듣고 있지만, 언니 마르타는 시중을 드느라 그 말씀을 들을 겨를도 없이 분주하기만 합니다. 자신은 이렇게 바쁜데 동생은 앉아서 말씀만 듣고 있는 모습이 못마땅해서 마르타는 예수님께 다가가 하소연합니다.

　　"주님, 제 동생이 저 혼자 시중들게 내버려 두는 데도 보고만 계십니까? 저를 도우라고 동생에게 일러 주십시오"(루카 10,40). 마르타의 불평은 손님을 접대하는 관점에서 보면 당연한 요구입니다. 그런데 예수님께서는 뜻밖의 말씀을 하십니다.

　　"마르타야, 마르타야! 너는 많은 일을 염려하고 걱정하는구나.
　　그러나 필요한 것은 한 가지뿐이다. 마리아는 좋은 몫을 선택
　　하였다. 그리고 그것을 빼앗기지 않을 것이다"(루카 10,41-42).

　　예수님께서는 음식을 준비해서 손님을 대접하고 시중드는 일도 중요하지만 필요한 것은 주님 말씀에 귀 기울이는 것 한 가지뿐이라고 말씀하십니다. 마르타와 마리아의 이야기는 제자들을 비롯해서 그리스도인들의 삶에서 어디에 더 중심을 두어야 하는지 그 기준을 제시하는 것으로 이해되어 왔습니다. 마르타는 활

동적인 봉사의 삶을, 마리아는 관상적인 삶을 대표하고, 마리아는 좋은 몫을 택했다는 예수님의 말씀으로 활동보다는 관상이, 일보다는 기도가 우선하다고 해석되고 있습니다.[20]

예수님께서는 라자로, 마르타, 마리아 이들 남매를 각별히 사랑하신 것으로 보입니다. 마르타와 마리아는 주님의 친구였으며, 주님께서는 그들의 집에 자주 머무신 듯합니다. 본문 내용상 마르타는 차분하지 못하고 예수님께 책망받는 것처럼 보입니다. 마르타는 매우 활동적이고 마리아는 조용히 기도하는 대조적인 성격인 듯 보입니다. 마르타는 상당히 용기 있는 여인으로 보입니다. 예수님께 마리아의 일로 불평하는 부분을 통해 마르타는 자신이 하고 싶은 말을 다 하고 사는 사람이었다는 것을 알 수 있습니다. 마르타는 사람들과의 친교를 즐기며 사람들에게 관심을 갖고 다른 사람들을 돕는 데 기쁨을 느끼는 넉넉한 사람으로 보입니다. 마리아는 예수님의 말씀을 잘 경청하던 여인으로 표현됩니다. '주님의 발치에 앉아'라는 말은 마리아의 겸손한 태도를 나타냅니다. 마리아는 마르타와 매우 다른 성향을 지녔다고 봅니다.

본문에서는 활동적인 마르타보다는 기도하는 마리아가 긍정적으로 표현되고 있습니다. 이 본문에서의 예수님 말씀에 따라 교회 안에서는 실천적 봉사보다도 관상 기도가 중요시되는 흐름이 있습니다. 관상 기도도 중요하지만 오늘날의 교회에서 절실히 필요한 것은 실천적 봉사라고 봅니다. 가난하고 소외 받는 사람들에게 시급한 것은 실질적인 도움이라는 것입니다. 정리해 보면 예수님의 말씀을 듣는 것은 신앙인으로서 당연한 자세입니다. 그러나 모두가 기도만 드리고 있을 수 있겠습니까? 예수님께서는 신앙인의 기본 자세에 대하여 말씀하신 것으로 보입니다. 각자가 하느님으로부터 부여받은 달란트와 소명과 상황에 따라 역할을 분담하는 것이지 활동과 관상의 우열을 결정하는 것은 아니라고 봅니다. 신앙은 양 극단에 치우치지 않는 균형된 믿음이 중요하다고 보는 것입니다.

우리는 부자처럼 어리석지 않는가?

어리석은 부자의 비유

루카 12,16-21

예수님께서 그들에게 비유를 들어 말씀하셨다. "어떤 부유한 사람이 땅에서 많은 소출을 거두었다. 그래서 그는 속으로 '내가 수확한 것을 모아 둘 데가 없으니 어떻게 하나?' 하고 생각하였다. 그러다가 말하였다. '이렇게 해야지. 곳간들을 헐어 내고 더 큰 것들을 지어, 거기에다 내 모든 곡식과 재물을 모아 두어야겠다. 그리고 나 자신에게 말해야지. '자, 네가 여러 해 동안 쓸 많은 재산을 쌓아 두었으니, 쉬면서 먹고 마시며 즐겨라.' 그러나 하느님께서 그에게 말씀하셨다. '어리석은 자야, 오늘 밤에 네 목숨을 되찾아 갈 것이다. 그러면 네가 마련해 둔 것은 누구 차지가 되겠느냐?' 자신을 위해서는 재화를 모으면서 하느님 앞에서는 부유하지 못한 사람이 바로 이러하다"(루카 12,16-21).

어리석은 부자는 오늘 밤에 이 세상을 떠나게 될 것을 모른 채 땅에서 소출을 거두어 곳간에 곡식과 재물을 모아 두고 흐뭇해합니다. 그리고 쉬면서 먹고 마시며 즐길 궁리를 합니다. 그러나 하느님께서는 오늘밤에 그의 목숨을 거두시려고 하시면서 인간의 어리석음을 지적하십니다. 이 비유는 인간의 재물 소유에 대한 욕심이 얼마나 의미 없는 집착이라는 것을 진술하고 있습니다. 이 비유를 통하여 재물의 소유보다 인간 존재 문제가 얼마나 중요한지 보여 줍니다.[21] 우리 삶에서 재물이 필요한 것은 사실이지만, 인간의 생명과는 비교할 수 없습니다. 부자는 자기가 소유한 재물이 영원히 자기 소유가 아님을 깨닫지 못했습니다. 이 비유는 재물에 대한 집착이 얼마나 어리석은지를 일깨우면서 그 재물이 나누어져야 한다는 것을 시사하고 있습니다. 이 본문은 부자들과 자신만을 위하여 재물을 쌓아 두는 일에만 관심을 갖는 이들을 향해서 재물은 이웃과 함께 살기 위하여 나누는 것이라는 것을 강조하고 있습니다.

"너희의 보물이 있는 곳에 너희의 마음도 있다"(루카 12,34). 재물에 대한 예수님의 생각은 이처럼 재물이 풍족하면 하느님의 자리를 재물이 대신한다고 보십니다. 부자는 자신이 가진 많은 재산 때문에 유혹을 받아 하느님을 떠날 수 있다고 보시는 것입니다. 비유에 나오는 부자는 특별히 욕심 많은 나쁜 사람이 아니라, 대부분의 평범한 사람들의 모습이라고 봅니다. 어리석은 부자는 나를 비롯하여 우리 모두의 너무도 적나라한 모습입니다. 저의 질문은 '그렇다면 부자는 구원의 가능성이 없는가?' 입니다. 저는 재산을 모으는 과정이 정당하고 모은 재산을 가난한 사람들과 나눈다면 구원이 가능하다고 봅니다. 하느님의 구원이 모든 사람에게 보편적으로 적용된다고 보기 때문입니다. 끝으로 죽음에 대한 사람들의 인식에 대하여 참으로 이해할 수 없는 것은 사람들은 오늘 우리가 이 세상을 떠날 수도 있다는 엄연한 사실을 잊고 있다는 것입니다. 세상의 모든 사람이 죽더라도 자신만은 해당되지 않는다는 생각이 강해 보입니다. 그래서 죽음에 관한 대화는 터부시하는 이들도 있습니다. 우리가 오늘이 이 세상의 마지막 날이라고 인식하고 살 수 있다면 많은 욕심을 부리지 않고 용서하고 나누는 삶을 살 수 있으리라고 봅니다.

큰아들은 비난받아야 하는가?

되찾은 아들의 비유

루카15,11-32

어떤 사람에게 아들이 둘 있었는데 작은아들이 아버지에게 자신의 몫을 요구하자 아버지는 자기 재산을 두 아들에게 나누어 주었습니다. 며칠 뒤에 작은아들은 자기 것을 모두 챙겨서 멀리 떠났습니다. 작은아들은 그곳에서 방탕히 생활하며 자기 재산을 모두 탕진하였습니다. 더욱이 그 지방에 심한 기근이 들어 그는 그 지방 주민에게 사정하여 겨우 돼지 치는 일을 하며 연명해야 했습니다. 돼지들이 먹는 열매라도 얻어먹고 싶었지만 아무도 주지 않았습니다. 그때야 제정신이 들어 아버지에게 가서 용서를 빌고 아들의 자격도 없으니 일꾼으로라도 써 주시기를 간청하겠다고 결심하고 아버지에게로 돌아갔습니다. 용서를 비는 아들에게 아버지는 아들의 목을 껴안고 포옹하면서 아들을 반겼습니다. 그리고 아버지는 종들에게 일러 가장 좋은 옷을 입히고 손에 반지를 끼우고 발에 신발을 신겼습니다. 또 살진 송아지를 잡아서 잔치를 벌였습니다.

그때 큰아들은 들에 나가 있었는데 집 가까이에서 노래하고 춤추는 소리를 듣고 하인에게 무슨 일이냐고 물었습니다. 하인이 아우님이 돌아와서 살진 송아지를 잡아 잔치를 벌이고 있다는 말을 듣자 큰아들은 화가 나서 집으로 들어가려고도 하지 않았습니다. 그러자 아버지가 나와서 큰아들을 설득하였습니다. 큰아들은 아버지에게 여러 해 동안 종처럼 아버지를 섬기며 아버지의 명을 한 번도 어기지 않았어도 아버지는 저에게 친구들과 즐기라고 염소 한 마리도 주신 적이 없는데 창녀들과 어울려 아버지 재산을 들어먹은 아들에게는 살진 송아지를 잡아 준다며 항변합니다. 그러자 아버지는 "너는 늘 나와 함께 있고 내 것이 다 네 것이다."라고 말하며 아우는 죽었다가 다시 살아났고 잃었다가 되찾았다며 즐기고 기뻐해야 한다고 말합니다(루카 15,11-32 참조).

이 비유는 돌아온 아들을 맞이하는 아버지의 기쁨에 대한 이야기입니다. 자식의 성공이나 실패에는 상관없이 항상 변치 않는 아버지의 사랑에 관한 이야기입니다. 모든 것을 잃어버리고 절망에 빠진 인간을 따뜻하게 안아 주는 아들을 살리는 아버지의 사랑이 이 이야기의 핵심입니다. 이 비유에서 아버지로 묘사된 주인공은 바로 죄인을 용서하시는 하느님이십니다. 하느님께서는 그렇게 우리를 기다리고 계신다는 것입니다. 그분은 당신의 자녀들이 되돌아오기를 간절히 기다리십니다. 그래서 그분은 아버지의 재산을 들고 객지로 나가 방탕한 생활로 탕진하고 거지꼴로 돌아온 아들에게 지난날을 묻지 않으시며 조건 없이 용서하시며 기쁨의 잔치를 벌이십니다. 그 돌아온 아들을 맞이하여 잔치를 베푸시는 아버지의 비유로서 하느님께서는 우리를 용서하시는 자비로운 분이심을 예수님께서 강조하고 계십니다. 본문에서 아버지가 마련한 잔치는 모든 죄인을 위한 잔치이기도 합니다.

저는 이 본문의 아버지의 모습에서 죄지은 인간을 자비하신 사랑으로 용서하시는 하느님의 모습을 신앙인으로서 보게 되었습니다. 이 비유가 성경 중에서도 죄인을 용서하시는 하느님의 자비를 가장 잘 드러내는 본문이라는 것에는 전적으로 동의합니다. 그런데 이 본문을 주석하는 신학자들은 대체로 분노하는 큰아들을 비판적으로 바라봅니다.[22]

이 비유에서 큰아들은 경멸과 질투에 가득 차 동생을 대하고, 더 이상 동생으로조차 인정하지도 않는 부정적인 사람으로 묘사되고 있습니다. 그러나 저는 이 비유가 전달하려는 메시지가 하느님의 자비라는 것에는 전적으로 동의하지만, 인간적으로는 작은아들에게 느끼는 큰아들의 분노를 똑같이 느꼈습니다.

제가 작은아들이라면 아무리 배가 고프고 힘이 들더라도 아버지를 바로 찾지 못하고 스스로 생존하기 위하여 노력할 것 같습니다. 그것이 최소한의 인간으로서의 도리라고 봅니다. 아버지의 무조건적인 용서는 아름답지만, 작은아들은 아버지의 용서에 앞서 참회의 시간이 필요하다고 봅니다. 지극히 상식적이고 인간적으로 저는 큰아들의 심정에 공감합니다. 큰아들이 이상적인 신앙인의 모습은 아니지만, 최소한 비난받아서는 안 된다고 봅니다. 이것이 '되찾은 아들의 비유'에서 두 아들에 대한 저의 생각입니다.

불의한 집사는 칭찬받아야 하는가?

약은 집사의 비유

루카 16,1-8

예수님께서 제자들에게도 말씀하셨다. "어떤 부자가 집사를 두었는데, 이 집사가 자기의 재산을 낭비한다는 말을 듣고, 그를 불러 말하였다. '자네 소문이 들리는데 무슨 소린가? 집사 일을 청산하게. 자네는 더 이상 집사 노릇을 할 수 없네.' 그러자 집사는 속으로 말하였다. '주인이 내게서 집사 자리를 빼앗으려고 하니 어떻게 하지? 땅을 파자니 힘에 부치고 빌어먹자니 창피한 노릇이다. 옳지, 이렇게 하자. 내가 집사 자리에서 밀려나면 사람들이 나를 저희 집으로 맞아들이게 해야지.' 그래서 그는 주인에게 빚진 사람들을 하나씩 불러 첫 사람에게 물었다. '내 주인에게 얼마를 빚졌소?' 그가 '기름 백 항아리요.' 하자, 집사가 그에게 '당신의 빚 문서를 받으시오. 그리고 얼른 앉아 쉰이라고 적으시오.' 하고 말하였다. 이어서 다른 사람에게 '당신은 얼마를 빚졌소?' 하고 물었다. 그가 '밀 백 섬이오.' 하자, 집사가 그에게 '당신의 빚 문서를 받아 여든이라고 적으시오.' 하고 말하였다. 주인은 그 불의한 집사를 칭찬하였다. 그가 영리하게 대처하였기 때문이다. 사실 이 세상의 자녀들이 저희끼리 거래하는 데에는 빛의 자녀들보다 영리하다"(루카 16,1-8).

이 비유를 이해하기 어려운 이유는 집사가 정직하지 못한 사람인데도 불구하고 집사가 모든 사람이 닮아야 하는 모범으로 제시된다는 것입니다. 비유에 나오는 집사라는 직업은 자기 주인의 재산을 관리하는 사람입니다. 그런데 어떤 사람이 집사가 주인의 재산을 낭비했다며 그를 고발하고 집사는 주인에게서 해고를 통보받습니다. 그래서 그는 채무자들에게 선심을 베풀어 그들 덕으로 살아가기로 결심하고 주인에게 빚진 사람들을 하나씩 불러 그들의 채무를 경감해 줍니다. 그런데 이 일을 알게 된 주인은 그 불의한 집사를 칭찬합니다. 이 주인이 자신에게 손해를 끼친 집사를 왜 칭찬했는지 이해하기 어렵습니다.

'약은 집사의 비유'는 재물의 올바른 사용에 관한 본문입니다. 예수님께서 이 비유를 제자들에게 설명하시면서 불의한 집사를 칭찬하시는 이유를 주석학자들은 '불의한 집사처럼 제자들도 하느님의 나라를 섬기는 데에 능숙해지라고 권고하는 것'이라고 합니다.[23] 이어지는 본문에서 "재물을 올바르게 이용하여라."(루카 16,9-12)라고 말씀하시면서 비록 불의하게 모은 재물일지라도 자선하라고 하십니다. 목적이 정당하면 수단이 불의해도 정의롭다는 것입니다. 이 말씀의 의미를 저는 이해할 수 없었습니다. 우선 남의 재산을 관리하는 집사는 성실하고 정직해야 한다고 보는데 이 비유에서의 집사는 성실하지도 정직하지도 못합니다. 더구나 주인에게 사람들이 갚아야 할 채무를 주인의 허락도 없이 삭감하는 것은 큰 잘못이며 그 목적도 주인의 재산을 불리려는 것이 아니라, 집사의 자리에서 쫓겨났을 때를 대비하여 인심을 쓰는 것입니다. 그런데 주인은 그 불의한 집사를 영리하게 대처하였다고 칭찬하니 참으로 난해한 비유였습니다.

예수님께서는 당신을 믿는 이들에게 불의하거나 사악해지라고 권유하지 않으십니다. 그런데 이 비유에서 집사는 분명히 불의합니다. 그런데 예수님께서는 불의한 집사를 칭찬하십니다. 약은 집사의 비유를 통해서 우리에게 주시는 교훈이 선한 목적을 위해서 불의한 수단을 써도 된다는 것이라면 납득이 됩니다. 사실 이 세상의 자녀들이 저희끼리 거래하는 데에는 빛의 자녀들보다 영리하다는 그 말씀의 의미가 세상의 자녀들처럼 살라는 말씀인지 빛의 자녀들처럼 살라는 말씀인지 종잡을 수 없습니다.

이 본문의 내용대로 해석하면 아무리 부정직한 재물이라도 '자선을 베풀어라.'라는 것으로 이해됩니다. 아무리 성찰해 봐도 예수님의 이 가르침의 의미는 여전히 질문으로 남습니다.

우리는 자선을 행하고 있는가?

부자와 라자로의 비유

루카 16,19-31

"어떤 부자가 있었는데, 그는 자주색 옷과 고운 아마포 옷을 입고 날마다 즐겁고 호화롭게 살았다. 그의 집 대문 앞에는 라자로라는 가난한 이가 종기투성이 몸으로 누워 있었다. 그는 부자의 식탁에서 떨어지는 것으로 배를 채우기를 간절히 바랐다. 그러나 개들까지 와서 그의 종기를 핥곤 하였다. 그러다 그 가난한 이가 죽자 천사들이 그를 아브라함 곁으로 데려갔다. 부자도 죽어 묻혔다. 부자가 저승에서 고통을 받으며 눈을 드니, 멀리 아브라함과 그의 곁에 있는 라자로가 보였다. 그래서 그가 소리를 질러 말하였다. '아브라함 할아버지, 저에게 자비를 베풀어 주십시오. 라자로를 보내시어 그 손가락 끝에 물을 찍어 제 혀를 식히게 해 주십시오. 제가 이 불길 속에서 고초를 겪고 있습니다.' 그러자 아브라함이 말하였다. '얘야, 너는 살아 있는 동안에 좋은 것들을 받았고 라자로는 나쁜 것들을 받았음을 기억하여라. 그래서 그는 이제 여기에서 위로를 받고 너는 고초를 겪는 것이다. 게다가 우리와 너희 사이에는 큰 구렁이 가로놓여 있어, 여기에서 너희 쪽으로 건너가려 해도 갈 수 없고 거기에서 우리 쪽으로 건너오려 해도 올 수 없다.' 부자가 말하였다. '그렇다면 할아버지, 제발 라자로를 제 아버지 집으로 보내 주십시오. 저에게 다섯 형제가 있는데, 라자로가 그들에게 경고하여 그들만은 이 고통스러운 곳에 오지 않게 해 주십시오.' 아브라함이, '그들에게는 모세와 예언자들이 있으니 그들의 말을 들어야 한다.' 하고 대답하자, 부자가 다시 '안 됩니다, 아브라함 할아버지! 죽은 이들 가운데에서 누가 가야 그들이 회개할 것입니다.' 하였다. 그에게 아브라함이 이렇게 일렀다. '그들이 모세와 예언자들의 말을 듣지 않으면, 죽은 이들 가운데에서 누가 다시 살아나도 믿지 않을 것이다'"(루카 16,19-31).

저는 이 본문을 읽고 그리스도인으로서 보편적인 기준에서 허용될 수 있는 재산의 기준은 어느 정도이며, 또 신앙인으로서 얼마나 자선을 행해야 하는지가 궁금했습니다. 평소에 부자도 아니고 가난하지도 않다고 생각했는데 냉정히 생각해 보니 부족함 없는 저는 부자라고 할 수 있겠습니다. 많은 사람이 상대적 기준으로 편리하게 자신을 가난한 사람으로 분류하고 부자라는 부담을 회피하는 듯 싶습니다. 부자는 라자로에게 아무것도 해 주지 않았습니다. 그래서 벌을 받았습니다. 우리도 가난한 사람에게 기쁜 마음으로 나누기가 쉽지만은 않습니다. 따라서 우리도 그 벌에서 자유롭지 못할 것입니다. 부자와 라자로의 비유에서 부자에게 이야기하는 아브라함의 대답이 이 복음 비유의 핵심입니다.

성경에 기록된 모세와 선지자들의 말씀을 믿지 않는 이들은 저승에서 누가 죽었다가 살아나서 같은 말을 할지라도 믿지 않으려고 할 것입니다. 우리들이 예수님의 부활을 믿고 저승이 있다는 것을 믿는 이들은 반드시 나누는 삶을 살 것입니다. 그것을 온전히 믿지 못하는 것이 우리 신앙인들의 가장 근본적인 문제라고 봅니다. 이 비유는 가난하고 고통받는 사람들을 도와주지 않는 그리스도인 모두에게 던지는 메시지입니다. 이 비유는 우리를 일깨우는 동시에, 우리가 가난한 형제들에게 사랑을 베풀고 책임을 나누어야 한다는 외침입니다.[24] 이 비유에는 저승을 묘사하고 있습니다. 부자는 저승에서 아브라함에게 말합니다. "아브라함 할아버지! 죽은 이들 가운데에서 누가 가야 그들이 회개할 것입니다"(루카 16,30).

우리는 복음서를 읽으면서 예수님과 우리의 부활, 내세와 하느님 나라에 대하여 확실한 징표를 요구합니다. 그러나 눈으로 확인했을 때 믿는 것은 이미 신앙이 아닙니다. 예수님께서는 성문 밖에서 고난을 받으시고, 알몸으로 십자가에 매달려 뭇사람들의 모욕과 조롱에 넘어지시고, 당신의 몸은 피투성이에 상처가 가득했습니다. 그런 예수님께서 부활하셨습니다. 부활하신 예수님께서 우리에게 오시어 이 사실을 알려 주셨습니다. 하느님께서 사람들에게 보여 주시는 징표는 사람의 아들, 곧 예수 그리스도이십니다. 이 비유가 말하는 것은 가난한 사람들과 함께 하시는 예수 그리스도의 현존입니다.[25]

우리는 의로운가?

바리사이와 세리의 비유

루카 18,9-14

"예수님께서는 또 스스로 의롭다고 자신하며 다른 사람들을 업신여기는 자들에게 이 비유를 말씀하셨습니다. "두 사람이 기도하러 성전에 올라갔다. 한 사람은 바리사이였고 다른 사람은 세리였다. 바리사이는 꼿꼿이 서서 혼잣말로 이렇게 기도하였다. '오, 하느님! 제가 다른 사람들, 강도 짓을 하는 자나 불의를 저지르는 자나 간음을 하는 자와 같지 않고 저 세리와도 같지 않으니, 하느님께 감사드립니다. 저는 일주일에 두 번 단식하고 모든 소득의 십일조를 바칩니다.' 그러나 세리는 멀찍이 서서 하늘을 향하여 눈을 들 엄두도 내지 못하고 가슴을 치며 말하였다. '오, 하느님! 이 죄인을 불쌍히 여겨 주십시오.' 내가 너희에게 말한다. 그 바리사이가 아니라, 이 세리가 의롭게 되어 집으로 돌아갔다. 누구든지 자신을 높이는 이는 낮아지고 자신을 낮추는 이는 높아질 것이다"(루카 18,9-14).

이 본문에서 예수님께서는 하느님의 뜻에 합당한 기도의 태도(루카 18,9-14)가 무엇인지 구체적으로 전하십니다. "누구든지 자신을 높이는 이는 낮아지고 자신을 낮추는 이는 높아질 것이다"(루카 18,14).

성전에 기도하러 들어간 두 사람, 곧 세리와 바리사이의 기도를 비유로 들어서 스스로 의롭다고 자신하면서 다른 사람들을 업신여기는 사람들에게 말씀하십니다. 참된 기도는 스스로 자신을 겸손되이 낮추는 사람의 기도임을 잊지 말라는 것입니다. 자신을 드러내고 남을 고발하는 기도가 아니라, 자신의 잘못을 고백하며 용서를 청하는 기도가 참된 기도임을 가르쳐 주십니다.

복음서에서 세리는 돈과 세금이 관련되는 직업으로 대개 부정적인 의미가 담겨 있습니다. 그래서 세리가 회개하는 모습을 통해 예수님의 메시지를 전달합니다. 특히 예수님께서 살던 시대에 세리는 죄인의 대명사였습니다. 그들은 로마 제국으로부터 청부를 받아 세금을 징수했는데 항상 정해진 액수보다 많은 세금을 징수하여 착복하였기 때문에 원성이 높았습니다(루카 3,12-14 참조).

이 비유에서는 의인이라고 자처하는 바리사이와 죄인으로 멸시당하는 세리가 성전에서 기도하고 있습니다. 겉으로 보기에 바리사이는 완전한 신앙인이었고 세리는 부끄럽고 부족한 사람이었습니다. 그러나 예수님께서는 겸손하게 기도하는 세리에게서 자신의 죄를 부끄러워하는 마음을 읽으셨고 바리사이에게서는 교만을 발견하십니다. 바리사이는 타인을 판단하고 비판하며 자신을 자랑스럽게 생각합니다. 반면에 세리는 죄인임을 고백하며 오직 주님의 자비만을 청합니다.

바리사이와 세리의 비유는 스스로를 의롭다고 여기고 다른 사람들을 업신여기는 사람들에게 던지는 예수님의 메시지입니다. "저는 죄인입니다. 자비를 베푸소서."라는 세리의 기도는 하느님 앞에서 우리가 취해야 할 겸손하고 정직한 모습이라고 할 수 있을 것입니다. 그러나 저는 너무나 자주 바리사이처럼 살고 있음을 성찰합니다. 자신이 선하다고 생각하고 교만하게 타인을 판단하고 비난합니다. 그것은 폭력이며 신앙인의 자세가 아니라고 봅니다. 또 자신에게 도취되어 우월하다는 착각에 빠져서 다른 사람들을 가르치고 있습니다. 그리하여 이웃들에게 상처를 줍니다. 자신을 겸손하게 객관적으로 관조하지 못하고 외면하여 자신 안에 갇혀 버리는 자기중심적 사고에 고착될 것입니다. 따라서 언제나 자신에 대해서는 엄격하고 이웃에 대해서는 관대해야 할 것입니다. 그것이 그리스도인으로서의 합당한 자세라고 생각합니다.

로고스는 어떤 의미인가?

한 처음에 말씀이 계셨다(머리글; 로고스 찬가)

요한 1,1-18

한처음에 말씀이 계셨다. 말씀은 하느님과 함께 계셨는데 말씀 또한 하느님이셨다. 그분께서는 한처음에 하느님과 함께 계셨다. 모든 것이 그분을 통하여 생겨났고 그분 없이 생겨난 것은 하나도 없다. 그분 안에 생명이 있었으니 그 생명은 사람들의 빛이었다. 그 빛이 어둠 속에서 비치고 있지만 어둠은 그를 깨닫지 못하였다. 하느님께서 보내신 사람이 있었는데 그의 이름은 요한이었다. 그는 증언하러 왔다. 빛을 증언하여 자기를 통해 모든 사람이 믿게 하려는 것이었다. 그 사람은 빛이 아니었다. 빛을 증언하러 왔을 따름이다.

모든 사람을 비추는 참빛이 세상에 왔다. 그분께서 세상에 계셨고 세상이 그분을 통하여 생겨났지만 세상은 그분을 알아보지 못하였다. 그분께서 당신 땅에 오셨지만 그분의 백성은 그분을 맞아들이지 않았다. 그분께서는 당신을 받아들이는 이들, 당신의 이름을 믿는 모든 이에게 하느님의 자녀가 되는 권한을 주셨다. 이들은 혈통이나 육욕이나 남자의 욕망에서 난 것이 아니라 하느님에게서 난 사람들이다.

말씀이 사람이 되시어 우리 가운데 사셨다. 우리는 그분의 영광을 보았다. 은총과 진리가 충만하신 아버지의 외아드님으로서 지니신 영광을 보았다.

요한은 그분을 증언하여 외쳤다. "그분은 내가 이렇게 말한 분이시다. '내 뒤에 오시는 분은 내가 나기 전부터 계셨기에 나보다 앞서신 분이시다.'" 그분의 충만함에서 우리 모두 은총에 은총을 받았다. 율법은 모세를 통하여 주어졌지만 은총과 진리는 예수 그리스도를 통하여 왔다. 아무도 하느님을 본 적이 없다. 아버지와 가장 가까우신 외아드님 하느님이신 그분께서 알려 주셨다(요한 1,1-18).

요한 복음서의 머리말(요한 1,1-18)은 요한 복음의 주제를 담고 있습니다. 그것은 '로고스'(말씀)의 개념입니다. 요한 복음의 로고스 개념은 독특합니다. "말씀이 사람이 되시어 우리 가운데 사셨다."(1,14a)의 의미는 로고스를 예수와 동일시한 것입니다. 완전한 인간으로서 구체적인 인간 역사 속에서의 활동에 대한 묘사는 유다교적 영향과 구별되는 요한 복음의 로고스 개념의 독특성입니다.

요한 복음의 로고스 개념의 독특성은 로고스의 육화를 예수님에게 적용했다는 점입니다. 로고스 개념은 신약 전체에서 요한의 프롤로그에만 나타납니다. 요한 복음의 프롤로그는 창조 신앙과 인간과 계시 간의 관계가 핵심입니다.

이 본문은 요한 복음의 서론으로서 '로고스 찬가'라고도 합니다. 공관 복음서가 궁극적 구원의 개념으로 하느님 나라를 이야기한다면 요한 복음의 궁극적 구원의 개념은 영원한 생명이라고 할 수 있습니다. 이 서론의 핵심은 말씀이요 주님이신 예수 그리스도가 육화를 통하여 사람이 되시어 우리에게 오시어 우리 가운데서 사셨다는 것입니다. 그리스 철학자 헤라클리투스에 따르면, '말씀'이라는 그리스 말 '로고스'(λογος)는 '우주의 영원한 질서 원리'입니다. 또한 스토아학파 철학자들은 '말씀'을 만물을 통제하고 다스리는 하느님의 정신이자 우주의 이성 원리로 보았습니다.[26] 저는 이 본문에서 특히 '말씀'의 개념이 궁금했습니다.

요한 복음에서는 예수님께서 태초부터 계셨다고 믿었습니다. 예수님이 말씀이시라는 것은 만물의 이치, 원리, 진리라는 것입니다. 예수님은 역사 속에 사신 분이시면서, 동시에 역사를 초월하여 존재하시는 분이라는 것을 말하고 있습니다. 따라서 예수님은 육체적으로 인간이시지만, 동시에 하느님이시고 창조주이십니다. 예수님께서는 생명이십니다.

예수님께서, "나는 곧 길이요 진리요 생명이다."라고 말씀하신 대로, 당신 자신이 생명이시며, 동시에 죽은 이에게 생명을 주시는 분이십니다. 빛이신 그리스도가 우리 가운데 나타나신 것입니다. 육신이신 예수, 곧 사람이신 예수님은 본디 로고스이셨다는 것입니다. 난해한 로고스 개념을 정리한 이유는 이어지는 요한 복음에 관한 성찰에 도움이 된다고 보기 때문입니다.

예수님께서는
성모님을 왜 여인이라고 부르셨을까?

카나의 혼인 잔치

요한 2,1-12

사흘째 되는 날, 갈릴래아 카나에서 혼인 잔치가 있었는데, 예수님의 어머니도 거기에 계셨다. 예수님도 제자들과 함께 그 혼인 잔치에 초대를 받으셨다. 그런데 포도주가 떨어지자 예수님의 어머니가 예수님께 "포도주가 없구나." 하였다. 예수님께서 어머니에게 말씀하셨다. "여인이시여 저에게 무엇을 바라십니까? 아직 저의 때가 오지 않았습니다." 그분의 어머니는 일꾼들에게 "무엇이든지 그가 시키시는 대로 하여라." 하고 말하였다. 거기에는 유다인들의 정결례에 쓰이는 돌로 된 물독 여섯 개가 놓여 있었는데, 모두 두세 동이들이었다. 예수님께서 일꾼들에게 "물독에 물을 채워라." 하고 말씀하셨다. 그들이 물독마다 가득 채우자, 예수님께서 그들에게 다시, "이제는 그것을 퍼서 과방장에게 날라다 주어라." 하셨다.

그들은 곧 그것을 날라 갔다. 과방장은 포도주가 된 물을 맛보고 그것이 어디에서 났는지 알지 못하였지만, 물을 퍼 간 일꾼들은 알고 있었다. 그래서 과방장이 신랑을 불러 그에게 말하였다. "누구든지 먼저 좋은 포도주를 내놓고, 손님들이 취하면 그보다 못한 것을 내놓는데, 지금까지 좋은 포도주를 지금까지 남겨 두셨군요." 이렇게 예수님께서는 처음으로 갈릴래아 카나에서 표징을 일으키시어, 당신의 영광을 드러내셨다. 그리하여 제자들은 예수님을 믿게 되었다(요한 2,1-11).

요한 복음서 2장은 요한 복음서의 일곱 기적의 표징 중에 첫 번째 표징으로 예수님의 첫 기적인 물로 포도주를 만드신 사건(1-12)입니다. 특히 카나의 혼인 잔치 본문을 읽으면서 오랫동안 가졌던 질문은 예수님께서 어머니이신 성모님을 '여인'이라고 부르는 의미에 대한 것이었습니다. 유다인들에게 포도주는 귀하고 삶의 즐거움의 상징이므로 결혼 축하연에서 없어서는 안 되는 귀한 필수품입니다. 또한 유다인들은 손님 접대를 신성한 의무로 여겨 잔치를 준비할 때 최선을 다했습니다. 결혼 축하연은 가족들만의 잔치가 아니라, 마을 전체의 잔치였습니다. 유다인의 혼인 풍습은 잔치가 일주일간 진행되며, 혼주는 그 기간 동안 손님들에게 충분히 포도주를 대접해야 합니다. 따라서 포도주가 떨어졌다는 것은 손님들을 접대할 수 없는 심각한 상황이었습니다. 랍비들이 "포도주가 없으면 기쁨이 없다."고 할 정도로 유다인의 잔치에서 포도주는 가장 중요한 것이었고, 혼인 잔치에서

'기쁨의 상징'인 포도주가 떨어졌다는 것은 접대가 성스러운 임무를 수행해야 할 혼주와 신랑, 신부에게는 대단한 수치스러운 사건입니다.

성모님께서 예수님께 포도주가 떨어졌다는 사실을 알리자, 예수님께서 성모님을 '여인'이라고 하십니다. 아들이 어머니를 여인이라고 한 것입니다. 여인이라는 호칭에 대하여 저는 대단히 무례한 호칭라고 생각하여 살펴 보았는데 복음서 어디에서도 여인이란 단어가 경멸의 의미로 쓰인 적이 없고 오히려 존칭의 의미로 쓰였습니다. '여인'이라는 말은 미혼이든, 기혼이든 장성한 여인을 가리키며 문맥에 따라 '여자' '여인' '아내' '부인' 등으로 번역되어 일반적으로 외간 여자를 공손하게 또는 점잖게 부르는 호칭입니다. 여인이란 말을 존칭의 의미로 썼다하더라도 자식이 어머니에게 여인이라 한다면 문제가 됩니다. 요한 복음사가는 요한 복음 전체에서 딱 두 번 성모님을 여인으로 부릅니다. 예수님의 공생활이 시작되는 시점인 카나의 혼인 잔치와 끝나는 시점인 십자가 위에서입니다.

요한 복음서는 예수님 공생활의 처음과 끝에 성모님을 여인이라 부름으로써 성모님께서 다만 예수님을 낳으신 분으로 끝나는 것이 아니라, 새로운 백성의 어머니가 되심을 알려 주려 한 것이라고 봅니다. 예수님께서 메시아로서 당신의 영광을 드러내고, 종말론적 혼인 잔치를 통해 신자들과 하나가 됨을 기념하는 날 예수님의 어머니 성모님이 여인으로 불리신 것입니다. 이것은 성모님께서 새로운 창조 세계에서 새로운 하와의 역할을 하고 있으심을 알립니다. 성모님께서는 다만 아기 예수님을 낳으시기 위해 선택된 도구에 지나지 않는 사람이 아니라, 하느님께서는 성모님을 새로운 백성의 어머니, 교회의 어머니로 선택하신 것입니다. 여인이라고 불리시는 성모님은 우리 모두의 어머니이신 것입니다.[27]

우리는 주연입니까, 조연입니까?

예수님과 세례자 요한

요한 3,22-30

그 뒤에 예수님께서는 제자들과 함께 유다 땅으로 가시어, 그 곳에서 제자들과 함께 머무르시며 세례를 주셨다. 요한도 살림에 가까운 애논에 물이 많아, 거기에서 세례를 주고 있었다. 그리하여 사람들이 가서 세례를 받았다. 그때는 요한이 감옥에 갇히기 전이었다. 그런데 요한의 제자들과 어떤 유다인 사이에 정결례를 두고 말다툼이 벌어졌다. 그래서 그 제자들이 요한에게 가서 말하였다. "스승님, 요르단 강 건너편에서 스승님과 함께 계시던 분, 스승님께서 증언하신 분, 바로 그분이 세례를 주시는데 사람들이 모두 그분께 가고 있습니다." 그러자 요한이 대답하였다. "하늘로부터 주어지지 않으면 사람은 아무것도 받을 수 없다. '나는 그리스도가 아니라, 그분에 앞서 파견된 사람일 따름이다.' 하고 내가 말한 사실에 관하여,

너희 자신이 내 증인이다. 신부를 차지하는 이는 신랑이다. 신랑 친구는 신랑의 소리를 들으려고 서 있다가, 그의 목소리를 듣게 되면 크게 기뻐한다. 내 기쁨도 그렇게 충만하다. 그분은 커지셔야 하고 나는 작아져야 한다"(요한 3,22-30).

이 본문의 배경은 예수님께서 제자들을 대동하시고 유다에서 세례를 베푸시는 것으로 시작합니다. 세례자 요한은 '애논'이라는 곳에서 세례를 베풀고 있었습니다. 유다인들은 짐승의 피로 정결례를 하는데, 세례자 요한은 물로 정결례를 하여 유다인과 세례자 요한의 제자 사이에 논쟁이 일어났습니다. 세례자 요한은 하늘로부터 주어지지 않으면 정결례의 형식이 어떠하든 아무것도 받을 수 없다고 말하면서 자신은 그리스도가 아니고 그분에 앞서 파견된 사람임을 선언합니다. 그 자신이 그리스도가 아니라, 메시아를 예비하고자 먼저 왔다는 것을 말하고 있으며, 자신은 이것만으로도 기쁨이 충만하다는 것을 '신랑 친구의 역할'로 비유하고 있습니다. 세례자 요한은 자신이 주인공이 아니라, '들러리를 선 친구'라는 사실로 자신의 위치를 분명히 밝힙니다. 그는 예수 그리스도를 예비하며 섬기고 증언하는데 최선을 다했습니다. 세례자 요한은 마지막으로 "그분은 커지셔야 하고 나는 작아져야 한다."고 진술합니다.

그 당시 세례자 요한의 명성은 대단했습니다. 세례자 요한이 있는 곳에 제자들이 있었던 것을 보면 그의 명성이 그만큼 컸다는 것을 대변해 줍니다. 세례자 요한의 마지막 말은 자기를 따랐던 제자들에게 자신의 한계를 설명하려는 것을 의미합니다. 이제 자신의 시대는 끝났다는 것입니다. 결국 그는 참수형으로 주님의 길을 예비하는 이로서의 생애를 마감할 것입니다.

저는 예수 그리스도께서 우리들을 구원하시기 위하여 이 땅에 오시기까지의 과정 속에서 매우 중요한 역할을 한 이가 세례자 요한이라고 생각합니다. 따라서 그에게 감사하지 않을 수 없다고 생각합니다. 그는 거룩한 예수 그리스도께서 우리에게 오시는 시작의 시간에서 위대한 조연이라고 생각합니다. 그는 거룩한 희생으로 그리스도의 오시는 길을 열었습니다. 그러나 우리들은 세례자 요한을 잘 기억하지 않는 것 같습니다. 그러나 세례자 요한은 그 당시 예수님보다 훨씬 더 백성들에게 널리 알려졌었고 종교적인 세력도 강했으며 많은 제자와 추종자를 가진 지도자였습니다. 그는 그의 제자들을 예수님께 인도하면서까지 철저하게 자신을 낮추고 예수님의 새로운 시대를 여는 데 기꺼이 자신을 던졌습니다.

오늘날 진정으로 요구되는 신앙인은 세례자 요한처럼 자신이 아니라, 누군가를 위하여 자신을 드러내지 않고 진정으로 세상의 고통과 소외된 사람을 위해서 양보하고 희생하는 자세를 지닌 신앙인이라고 생각합니다. 우리가 마지막까지 자신과 싸워야하는 것이 있다면 자신을 드러내고자 하는 지독한 권력에의 의지라고 봅니다. 그것을 비워 내고 그 안에 우리의 하느님을 담을 수 있는 여백의 공간을 만드는 것이 신앙인에게 주어진 과제라고 봅니다. 그것을 세례자 요한에게 배워야 한다고 생각합니다.

우리는 사마리아 여인에게 물을 주는가?

사마리아 여인과 이야기하시다

요한 4,4-42

그때에 사마리아를 가로질러 가셔야 했다. 그렇게 하여 예수님께서는 야곱이 자기 아들 요셉에게 준 땅에서 가까운 시카르라는 사마리아의 한 고을에 이르셨다. 그곳에는 야곱의 우물이 있었다. 길을 걷느라 지치신 예수님께서는 그 우물가에 앉으셨다. 때는 정오 무렵이었다.

마침 사마리아 여자 하나가 물을 길으러 왔다. 그러자 예수님께서 "나에게 마실 물을 좀 다오." 하고 그 여자에게 말씀하셨다. 제자들은 먹을 것을 사러 고을에 가 있었다. 사마리아 여자가 예수님께 말하였다. "선생님은 어떻게 유다 사람이시면서 사마리아 여자인 저에게 마실 물을 청하십니까?" 사실 유다인들은 사마리아인들과 상종하지 않았다. 예수님께서 그 여자에게 대답하셨다. "네가 하느님의 선물을 알고 또 '나에게 마실 물을 좀 다오.' 하고 너에게 말하는 이가 누구인지 알았더라면, 오히려 네가 그에게 청하고 그는 너에게 생수를 주었을 것이다." 그러자 그 여자가 예수님께 말하였다. "선생님, 두레박도 가지고 계시지 않고 우물도 깊은데, 어디에서 그 생수를 마련하시렵니까? 선생님이 저희 조상 야곱보다 더 훌륭한 분이시라는 말씀입니까? 그분께서 저희에게 이 우물을 주셨습니다. 그분은 물론 그분의 자녀들과 가축들도 이 우물물을 마셨습니다." 예수님께서 그 여자에게 이르셨다. "이 물을 마시는 자는 누구나 다시 목마를 것이다. 그러나 내가 주는 물을 마시는 사람은 영원히 목마르지 않을 것이다. 내가 주는 물은 그 사람 안에서 물이 솟는 샘이 되어 영원한 생명을 누리게 할 것이다." 그러자 그 여자가 예수님께 말하였다. "선생님, 그 물을 저에게 주십시오. 그러면 제가 목마르지도 않고, 또 물을 길으러 이리 나오지 않아도 되겠습니다."

예수님께서 그 여자에게, "가서 네 남편을 불러 이리 함께 오너라." 하고 말씀하셨다. 그 여자가 "저는 남편이 없습니다." 하고 대답하자, 예수님께서 말씀하셨다. "'저는 남편이 없습니다.'라고 한 것은 맞는 말이다. 너는 남편이 다섯이나 있었고 지금 함께 사는 남자도 남편이 아니니, 너는 바른대로 말하였다." 여자가 예수님께 말하였다. "선생님, 이제 보니 선생님은 예언자이시군요"(요한 4,4-20).

요한 복음 4장에는 한 사마리아 여인이 야곱의 우물 곁에서 예수님을 만나 대화하는 장면이 나옵니다. 과거에 남편 다섯이 있었고, 지금은 다른 남자와 동거하고 있는 참으로 기구한 운명의 여인입니다. 이 여인은 물을 길러 나왔다가 예수님을 만납니다. 그 당시 사회는 여자가 자기 마음대로 다섯 번씩이나 이혼할 수가 없었습니다. 특별한 경우를 제외하고 여자에게는 이혼을 요구할 권한이 없었다는 것입니다. 이혼을 요구할 권한은 오직 남편에게만 있었습니다.[28] 그런 의미에서 다섯 차례나 결혼과 이혼을 반복했다는 것은 남편에게 버림받았다는 뜻입니다. 그래서 예수님께서는 그 여인의 행실을 더는 문제 삼지 않으셨습니다. 예수님께서는 사람들에게 버림받고 고통당하던 그 이름 없는 여인을 만나 주시고 당신이 메시아라는 사실을 알려 주셨습니다. 사마리아 여인은 예수님께서 메시아라는 사실을 사마리아인들에게 전한 최초의 사람이 되었습니다. 이 여인을 통해서 부정한 이방인과 같이 취급받던 사마리아인들도 예수님을 만나서 그리스도 안에서 하느님의 백성이 될 수 있음을 알게 되었습니다.

우리는 이 본문에서 기구한 삶을 살고 있는 이방인 여인을 만나게 됩니다. 그 여인은 지쳐 가던 인생의 한 시점에서 우연히 예수님과 만나게 됩니다. 여기서 그녀는 삶은 새로운 전환점을 마련하게 됩니다. 아무도 관심을 갖지 않는 불행한 여인에게 생명의 물을 주시려고 예수님께서 오신 것입니다. 그야말로 잃어버린 한 마리의 양을 찾으려고 예수님께서 오신 것입니다. 사마리아 여인과 예수님의 우물가의 만남에서 우리는 외롭게 고통받는 사람을 찾아오신 예수님의 모습을 바라볼 수 있습니다. 주님과 사마리아 여인과의 만남은 결코 우연히 일어난 일이 아닙니다. 주님께서는 "나에게 마실 물을 좀 다오."라고 말씀하십니다. 주님께서는 이 여인이 스스로 마음을 열 수 있도록 배려하시면서 대화를 시작하셨습니다. 또한 주님께서는 이 여인이 스스로 자신에 대하여 고백하게 만드셨으며 스스로 깨닫게 하셨습니다. 주님께서는 사마리아 여인에게 영원히 목마르지 않는 물을 주셨습니다. 사마리아 여인이 자신을 온전히 예수님 앞에 드러내 놓자 비로소 그의 눈이 열립니다. 그리고 예수님께서 그리스도이신 것을 알아보았습니다. 사마리아 여인과 예수님의 만남은 그 고을에 사는 많은 사마리아인에게 예수님을 믿게 하는 열매를 맺게 되었습니다.

예수님께서는
땅에 무엇을 쓰셨을까?

간음하다 잡힌 여자

요한 복음 8,1-11

예수님께서는 올리브 산으로 가셨다. 이른 아침에 예수님께서 다시 성전에 가시니 온 백성이 그분께 모여들었다. 그래서 그분께서는 앉으셔서 그들을 가르치셨다. 그때에 율법 학자들과 바리사이들이 간음하다 붙잡힌 여자를 끌고 와서 가운데에 세워 놓고, 예수님께 말하였다. "스승님, 이 여자가 간음하다 현장에서 붙잡혔습니다. 모세는 율법에서 이런 여자에게 돌을 던져 죽이라고 우리에게 명령하셨습니다. 스승님 생각은 어떻습니까?" 그들은 예수님을 시험하여 고소할 구실을 만들려고 그렇게 말한 것이다. 그러나 예수님께서는 몸을 굽히셔서 손가락으로 땅에 무엇인가 쓰기 시작하셨다. 그들이 줄곧 물어 대자 예수님께서 몸을 일으키시어 그들에게 이르셨다. "너희 가운데 죄 없는 자가 먼저 저 여자에게 돌을 던져라." 그리고 다시 몸을 굽히시어 땅에 무엇인가 쓰셨다. 그들은 이 말씀을 듣고 나이 많은 자들부터 시작하여 하나씩 하나씩 떠나갔다. 마침내 예수님만 남으시고 여자는 가운데에 그대로 서 있었다. 예수님께서 몸을 일으키시어 그 여자에게, "여인아, 그 자들이 어디 있느냐? 너를 단죄한 자가 아무도 없느냐?" 하고 물으셨다. 그 여자가 "선생님, 아무도 없습니다." 하고 대답하자, 예수님께서 이르셨다. "나도 너를 단죄하지 않는다. 가라. 그리고 이제부터 다시는 죄짓지 마라"(요한 8,1-11).

어느 날, 아침 일찍 올리브 산으로 올라가신 예수님께서는 성전으로 가시어 하느님 나라에 대하여 가르치셨습니다. 많은 백성이 예수님 말씀을 경청했습니다. 바로 이때, 율법 학자들과 바리사이들이 간음 현장에서 어느 여인을 잡아 끌고 왔습니다. 체포한 여인을 모세 율법에 따라 공개 처형을 하기 위해서라기보다 예수님을 곤경에 빠뜨리려고 들이닥쳤습니다. 만일 예수님께서 그 여인의 공개 처형을 공개적으로 반대한다면 모세 율법을 공개적으로 거부하는 것으로, 반대로 여인의 공개 처형을 찬성한다면 평소 사랑을 역설하셨던 예수님을 위선자로 몰아붙이려고 했습니다. 이들은 '예수 운동'이 그들의 정치·경제적 기득권에도 위협이 된다고 생각했습니다. 그래서 그들은 예수님을 제거하려고 했지만. 함부로 폭력을 행사할 수 없었습니다.

간음한 여인을 모세 율법에 따라 돌로 쳐 죽여야 하는지를 물으며 대드는 그들에게 예수님께서는 엉뚱하게 몸을 굽히십니다.

그리고 손가락으로 땅에 무엇인가 쓰셨습니다. 예수님께서 몸을 낮추시어 땅에 쓰신 글들의 내용은 무엇인지 우리는 알 수 없지만, 허리 굽히시어 글을 쓰시던 예수님의 몸동작이 주는 의미를 깊이 성찰해 볼 필요가 있습니다. 주님께서는 율법 학자와 바리사이들의 그 거친 언어 공세를 조용히 누그러뜨리고자 먼저 허리를 굽히셨습니다. 그리고 땅에 조용히, 여유 있게 글을 쓰셨습니다. 그 글의 내용이 무엇인지 궁금하지 않을 수 없습니다. 마침내 예수님께서는 "너희 가운데 죄 없는 사람이 먼저 이 여자에게 돌을 던져라."라고 말씀하십니다. 바로 그 순간 예수님께서는 다시 몸을 낮추시어 땅에 또 무엇을 쓰셨습니다. 과연 두 번째로 쓰신 메시지는 무엇이었을까요?

그들은 그곳을 떠날 수밖에 없었습니다. 그들은 돌을 놓고 슬그머니 달아날 수밖에 없었습니다. 예수님께서는 단 한 번도 큰소리로 야단치시지 않으셨습니다. 겸손히 두 번이나 몸을 낮추시어 조용히 땅에 글을 쓰셨을 뿐이셨지요. 그러나 그 글이 주는 메시지는 결코 조용하고 무력한 것이 아니었습니다. 그 여인은 마침내 죽음의 골짜기에서 벗어나게 되었습니다. 땅에 글을 쓰신 예수님께서 주시는 가르침이 무엇인지를 묵상합니다. 그 여인에게 예수님께서는 이렇게 물으십니다. 단죄한 자들이 다 어디 갔는지를 말입니다. 그들은 이제 한 사람도 남아 있지 않고 모두 사라졌다고 여인이 대답하자, 주님께서는 이렇게 말씀하십니다. "나도 너를 단죄하지 않는다. 가서, 이제부터 다시 죄를 짓지 말아라."

이 본문이 우리에게 주는 메시지는 인간은 누군가를 단죄할 수 없다는 것입니다. 왜냐하면 죄에서 완전히 자유로운 인간은 없기 때문입니다. 인간을 심판할 수 있으신 분은 오직 주님뿐이십니다. 이 본문에서 특히 궁금했던 것은 예수님께서 손가락으로 땅에 무슨 글을 쓰셨는지에 대한 것입니다. 성경에 구체적인 기록이 없을 뿐만 아니라, 추측도 되지 않았습니다. 율법에 따르면 그 시대에 간음은 돌로 쳐 죽임을 당하는 죄입니다. 예수님께서는 산상 설교에서 원수도 사랑하고 자신을 핍박하는 자를 위해서도 기도해 주라고 가르치셨습니다. 그래서 만약 돌로 쳐 죽이라고 하면 본인의 가르침을 스스로 위반하게 되고 반대로 살려주라고 하면 율법을 폐하러 온 것이 아니라 완성하러 왔다고 하신 당신의 선언에도 위배됩니다.[29] 율법 학자들과 바리사이들이 예수님을 시험하여 고소할 약점을 잡으려는 것입니다. 그런데 예수님께서는 그들이 전혀 예상치도 못한 답변으로 너희 중에 죄 없는 자가 먼저 돌을 던지라고 하십니다. 그들에게 그들 자신에 대하여 먼저 성찰하도록 하신 겁니다. 죄에서 자유로운 사람이 어디 있겠습니까? 타인을 심판하던 자들은 자기 자신에게로 시선을 돌리고 조용히 떠납니다.

죽음의 심판에 직면하여 아무런 대책도 없이 죽기보다 더 부끄러운 모습 그대로 모든 사람 앞에 내던져졌던 간음한 여자는 어쩌면 평생 처음 진심으로 회개했을 것입니다. 자신의 전 존재가 주님께로부터 구원을 받은 것입니다. 예수님께서 땅에 두 번씩이나 쓰신 글이 과연 무엇인지는 알 수 없습니다. 예수님께서는 마지막으로 간음한 여자에게 다시는 죄 짓지 말라고 하십니다. 우리는 지금 예수님 앞에서 돌을 들고 있습니까? 아니면 엎드려 있습니까?

예수님께서는
시공간을 초월하신 분이신가?

아브라함 전부터 계신 분

요한 8,48-59

유다인들이 예수님께, "우리가 당신을 사마리아인이고 마귀 들린 자라고 하는 것이 당연하지 않소?" 하였다. 그러자 예수님께서 대답하셨다. "나는 마귀 들린 것이 아니라, 내 아버지를 공경하는 것이다. 그런데도 너희는 나를 모욕한다. 나는 내 영광을 찾지 않는다. 그것을 찾아 주시고 또 심판해 주시는 분이 계시다. 내가 진실로 진실로 너희에게 말한다. 내 말을 지키는 이는 영원히 죽음을 보지 않을 것이다."

유다인들이 예수님께 말하였다. "이제 우리는 당신이 마귀 들렸다는 것을 알았소. 아브라함도 죽고 예언자들도 그러하였는데, 당신은 '내 말을 지키는 이는 영원히 죽음을 맛보지 않을 것이다.' 하고 말하고 있소. 우리 조상 아브라함도 죽었는데 당신이 그분보다 훌륭하다는 말이오? 예언자들도 죽었소. 그

런데 당신은 누구로 자처하는 것이오?" 예수님께서 대답하셨
다. "내가 나 자신을 영광스럽게 한다면 나의 영광은 아무것도
아니다. 나를 영광스럽게 하시는 분은 내 아버지시다. 너희가
'그분은 우리의 하느님이시다.' 하고 말하는 바로 그분이시다.
너희는 그분을 알지 못하지만 나는 그분을 안다. 내가 그분을
알지 못한다고 말하면 나도 너희와 같은 거짓말쟁이가 될 것
이다. 그러나 나는 그분을 알고 또 그분의 말씀을 지킨다. 너
희 조상 아브라함은 나의 날을 보리라고 즐거워하였다. 그리
고 그것을 보고 기뻐하였다." 유다인들이 예수님께 말하였다.
"당신은 아직 쉰 살도 되지 않았는데 아브라함을 보았다는 말
이오?" 예수님께서 그들에게 이르셨다. "내가 진실로 진실로
너희에게 말한다. 나는 아브라함이 태어나기 전부터 있었다."
그러자 그들은 돌을 들어 예수님께 던지려고 하였다. 그러나
예수님께서는 몸을 숨겨 성전 밖으로 나가셨다(요한 8,48-59).

이 본문에서 예수님께서는 인간의 상식적인 사고방식으로는
도저히 알 수 없는 시간에 대해 말씀하십니다. 그분은 "너희 조
상 아브라함은 나의 날을 보리라고 즐거워하였다. 그리고 그것
을 보고 기뻐하였다."(요한 8,56)고 말씀하십니다. 아브라함은 예수
님의 시대로부터 2천 년 전의 인물입니다. 그런데 그 아브라함
이 예수님의 날을 보고 기뻐했다는 말입니다. 그리고 "내가 진실
로 진실로 너희에게 말한다. 아브라함이 태어나기 전부터 있었
다."(요한 8,58)고 말씀하십니다. 영원의 차원에 계신 예수님은 과거

와 현재, 미래를 초월하시는 분이십니다. 그래서 요한 복음 서문에서 "말씀이 육신이 되어 우리 가운데 계셨다."(요한 1,14)라고 했습니다.

우리가 현세를 살다가 이 세상을 떠나게 될 때, 우리는 비로소 온전하게 하느님의 시간의 차원으로 변화될 것입니다. 그것이 어떤 것인지 지금은 알 수 없습니다. 과거와 현재와 미래의 구분이 사라지는 영원의 차원이 있음을 믿지 않는다면 예수님의 이 말씀은 공허한 울림에 불과합니다. 그래서 유다인들은 이런 예수님이 미쳤다고 단정합니다. 현세에서의 삶이 전부라고 생각하는 사람들에게 그리스도인들은 미친 것처럼 보일 수 있습니다. 그들은 참된 믿음에 미치지 못했고, 그래서 참된 실상에 미치지 못한 사람들입니다.

이 본문의 핵심적 표현은 아브라함이 태어나기 전부터 있었다는 것입니다. 이는 그 당시 유다인들뿐만 아니라 저에게도 의문점입니다. 이것은 그리스도 선재론입니다.[30] 예수님은 인간적 개념의 시간제한을 받지 않으신다는 것입니다. 예수 그리스도께서는 시간과 공간을 초월하시어 존재하십니다. 인간의 이성과 경험, 지식 등으로는 예수님을 결코 이해할 수 없습니다. 예수님께서는 태초부터 계셨던 분으로 하느님이십니다. 유다인들은 예수님을 이해하지 못했습니다. 그래서 그들은 예수님을 내쫓으려 했고 죽이려 했습니다. 그리스도와 성부이신 하느님과의 일치는 요한 복음 서문에는 "한 처음에 말씀이 계셨다. 말씀은 하느님과 함께 계셨는데 말씀은 하느님이셨다."(요한 1,1)라고 진술하고 있습니다. 그리스도께서 하느님과 함께 처음부터 존재하시고 만물을 창조하시며(요한 1,3) 말씀으로 사람이 되시어 오셨다는 것입니다. 그리스도인들이 구약의 하느님이 그리스도이심을 고백하는 것입니다. 오직 예수 그리스도를 통해서만 아버지 하느님을 알 수 있다는 것입니다. 유다인도, 저도 인간의 이해를 초월하여 존재하시는 예수 그리스도를 인간의 상식만으로는 설명할 수 없습니다. 우리는 그저 예수 그리스도를 하느님이라고 고백하는 것입니다.

부모로서 제 딸 리디아의 죽음은 고통스럽고 이해할 수 없는 비극이었습니다. 그러나 하루가 천년 같은 하느님의 시간의 차원에서 보면 딸아이가 우리보다 조금 일찍 하늘 나라에 간 것이라고 생각할 수 있었습니다. 하느님의 섭리 안에서 순서가 조금 바뀐 것이라고 생각했습니다. 리디아의 죽음이 저희 부부에게는 엄청난 슬픔이지만, 하느님의 눈으로 보면 다른 의미가 있을 것이라 생각합니다.

라자로가 살아날 것을 아시는데 예수님께서는 왜 우셨을까?

라자로를 다시 살리시다

요한 11,1-44

어떤 이가 병을 앓고 있었는데, 그는 마리아와 그 언니 마르타가 사는 마을인 베타니아의 라자로였다. 마리아는 주님께 향유를 붓고 자기 머리카락으로 그분의 발을 닦아 드린 여자인데, 그의 오빠 라자로가 병을 앓고 있었던 것이다. 그리하여 그 자매가 예수님께 사람을 보내어, "주님, 주님께서 사랑하시는 이가 병을 앓고 있습니다." 하고 말하였다. 예수님께서 그 말을 듣고 이르셨다. "그 병은 죽을 병이 아니라, 오히려 하느님의 영광을 위한 것이다. 그 병으로 말미암아 하느님의 아들이 영광스럽게 될 것이다." 예수님께서는 마르타와 그의 여동생과 라자로를 사랑하셨다. 그러나 라자로가 병을 앓고 있다는 말을 들으시고도, 계시던 곳에 이틀을 더 머무르셨다.

예수님께서는 그런 뒤에야 제자들에게, "다시 유다로 가자."

하고 말씀하셨다. 제자들이 예수님께, "스승님, 바로 얼마 전에 유다인들이 스승님께 돌을 던지려고 하였는데, 다시 그리로 가시렵니까?" 하자, 예수님께서 대답하셨다. "낮은 열두 시간이나 되지 않느냐? 사람이 낮에 걸어 다니면 이 세상의 빛을 보므로 어디에 걸려 넘어지지 않는다. 그러나 밤에 걸어 다니면 그 사람 안에 빛이 없으므로 걸려 넘어진다." 이렇게 말씀하신 다음에 이어서, "우리의 친구 라자로가 잠들었다. 내가 가서 그를 깨우겠다." 하고 그들에게 말씀하셨다. 그러자 제자들이 예수님께, "주님, 그가 잠들었다면 곧 일어나겠지요." 하였다. 예수님께서는 라자로가 죽었다고 하셨는데, 제자들은 그냥 잠을 잔다고 말씀하시는 것으로 생각하였다. 그제야 예수님께서 그들에게 분명히 이르셨다. "라자로는 죽었다. 내가 거기에 없었으므로 너희가 믿게 될 터이니, 나는 너희 때문에 기쁘다. 이제 라자로에게 가자." 그러자 '쌍둥이'라고 불리는 토마가 동료 제자들에게, "우리도 스승님과 함께 죽으러 갑시다." 하고 말하였다.

예수님께서 가서 보시니, 라자로가 무덤에 묻힌 지 벌써 나흘이나 되었다. 베타니아는 예루살렘에서 열다섯 스타디온쯤 되는 가까운 곳이어서, 많은 유다인이 마르타와 마리아를 그 오빠의 일 때문에 위로하러 와 있었다(요한 11,1-19).

라자로와 마르타와 마리아가 베타니아에 살고 있었습니다. 마리아는 주님께 향유를 붓고 자기 머리카락으로 그분의 발을 닦아 드린 여자입니다. 그런데 그의 오빠 라자로가 병을 앓고 있었습니다. 마리아는 예수님께 도움을 요청합니다. 그러자 예수님께서는 죽을 병이 아니라, 오히려 하느님의 영광을 위한 것이며 하느님의 아드님이 영광스럽게 될 것이라고 말씀하시고 그곳에서 이틀을 더 머무르십니다. 저는 이 내용을 라자로의 치유를 통하여 영원한 생명의 표징을 사람들에게 드러내시려는 의도로 이해했습니다. 그래서 예수님께서는 마르타에게, "네 오빠는 다시 살아날 것이다."(요한 11,23)라고 하시며 "나는 부활이요 생명이다."(요한 11,25)라고 말씀하십니다. 그런데 마리아도 울고 또 그와 함께 온 유다인들도 우는 것을 보신 예수님께서는 마음이 북받치시고 산란해지셔서 눈물을 흘리십니다. 이 부분이 의문스러웠습니다. 예수님께서는 이미 라자로가 다시 살아나서 예수님의 영광을 드러낼 것을 아시는데 왜 그렇게 슬피 우신 것인지 이해할 수 없었습니다. 예수님께서 "라자로야, 이리 나와라."(요한 11,43)하고 큰소리로 외치시자 죽었던 라자로가 살아 나왔습니다. 죽음은 우리 삶에서 필연적으로 현존합니다. 베타니아의 라자로와 마르타와 마리아는 예수님을 따르는 사람들로서 예수님께서 특별히 사랑했던 사람들입니다.

또 한 가지 "우리도 스승님과 함께 죽으러 갑시다."(요한 11,16)라는 토마스의 말을 이해할 수 없었습니다. 예수님과 제자들에게 당시 유다 땅은 항상 위험했던 곳으로 보입니다. 예수님께서는 라자로가 살아날 것을 아시면서도 우리와 같은 인간으로서, 또한 친구로서 사랑하는 친구들의 고통을 나누며 그들과 함께 우셨던 것입니다. 예수님께서는 하느님께 감사를 드리고 라자로에게 생명을 주십니다. 이 본문은 죽음을 이기신 생명의 하느님께 대한 이야기입니다. 곧, 십자가의 수난과 죽음을 넘어 부활의 파스카 신비를 완성하기 전 마지막 표징입니다. 예수님께서는 라자로의 무덤 앞에 계십니다. 무덤은 큰 돌로 닫혀 있고 예수님도 사랑하는 사람을 잃어버린 슬픔으로 눈물을 흘리십니다.

예수님께서는 고통받는 이들과 가까이 계시고 그들의 고통을 함께 겪으십니다. 그리고 그 고통을 당신의 것으로 삼으시어 고통을 살아가십니다. 우리의 삶은 극복할 수 없는 내적 어두운 고통과 죽음을 피할 수 없습니다. 우리의 영혼은 영원한 생명을 갈망하며 고통스러워 합니다. 그런데 예수님께서 이렇게 선포하십니다. "나는 부활이요 생명이다. 나를 믿는 사람은 죽더라도 살 것이다." 라자로에게 큰소리로 외치신 것처럼 예수님께서는 슬픔과 고통에 갇혀 있는 우리에게도 말씀하십니다. "슬픔과 고통의 무덤에서 나와라.[31] 두려워하지 말고 나와라."

우리는 고통받는 사람의
발을 씻겨 주는가?

제자들의 발을 씻겨 주시다

요한 13,1-20

파스카 축제가 시작되기 전, 예수님께서는 이 세상에서 아버지께로 건너가실 때가 온 것을 아셨다. 그분께서는 이 세상에서 사랑하신 당신의 사람들을 끝까지 사랑하셨다. 만찬 때의 일이다. 악마가 이미 시몬 이스카리옷의 아들 유다의 마음속에 예수님을 팔아넘길 생각을 불어넣었다. 예수님께서는 아버지께서 모든 것을 당신 손에 내주셨다는 것을, 또 당신이 하느님에게서 나왔다가 하느님께 돌아간다는 것을 아시고, 식탁에서 일어나시어 겉옷을 벗으시고 수건을 들어 허리에 두르셨다. 그리고 대야에 물을 부어, 제자들의 발을 씻어 주시고, 허리에 두르신 수건으로 닦기 시작하셨다.

그렇게 하여 예수님께서 시몬 베드로에게 이르시자 베드로가, "주님, 주님께서 제 발을 씻으시렵니까?" 하고 말하였다. 예수님께서는 "내가 하는 일을 네가 지금은 알지 못하지만 나중에는 깨닫게 될 것이다." 하고 대답하셨다. 그래도 베드로가 예수님께 "제 발을 절대로 씻지 못하십니다." 하니, 예수님께서 그에게 대답하셨다. "내가 너를 씻어 주지 않으면 너는 나와 함께 아무런 몫도 나누어 받지 못한다." 그러자 시몬 베드로가 예수님께 말하였다. "주님, 제 발만 아니라, 손과 머리도 씻어 주십시오." 예수님께서 그에게 말씀하셨다. "목욕을 한 이는 온 몸이 깨끗하여 발만 씻으면 된다. 너희는 깨끗하다. 그러나 다 그렇지는 않다." 예수님께서는 이미 당신을 팔아넘길 자를 알고 계셨다. 그래서 "너희가 다 깨끗한 것은 아니다." 하고 말씀하신 것이다. 예수님께서는 제자들의 발을 씻어 주신다음, 겉옷을 입으시고 다시 식탁에 앉으셔서 그들에게 이르셨다. "내가 너희에게 한 일을 깨닫겠느냐? 너희가 나를 '스승님', 또 '주님' 하고 부르는데, 그렇게 하는 것이 옳다. 나는 사실 그러하다. 주님이며 스승인 내가 너희의 발을 씻었으면, 너희도 서로 발을 씻어 주어야 한다. 내가 너희에게 한 것처럼 너희도 하라고, 내가 본을 보여 준 것이다. 내가 진실로 진실로 너희에게 말한다. 종은 주인보다 높지 않고 파견된 이는 파견한 이보다 높지 않다. 이것을 알고 그대로 실천하면 너희는 행복하다. 내가 너희를 모두 가리켜 말하는 것은 아니다. 내가 뽑은 이들을 나는 안다. 그러나 '제 빵을 먹던 그가 발꿈치를 치켜들며 저에게 대들었습니다.'라는 성경 말씀이 이루어져야 한다. 일이 일어나기 전에 내가 미리 너희에게 말해 둔다. 일이 일어날 때에 내가 나임을 너희가 믿게 하려는 것이다. 내가 진실로 진실로 너희에게 말한다. 내가 보내는 이를 맞아들이는 사람은 나를 맞아들이는 것이고, 나를 맞아들이는 사람은 나를 보내신 분을 맞아들이는 것이다"(요한 13,1-20).

마지막으로 예수님께서는 제자들과 함께 예루살렘에서 유월절을 보내십니다. 예수님과 제자들의 최후의 만찬 자리에서 두 가지 사건이 이루어집니다. 그 가운데 하나는 예수님께서 빵을 축복하시고 떼어 제자들에게 주시며 이것이 당신의 몸이라고 말씀하시는 것과 포도주가 담긴 잔을 들어 제자들에게 주시며 이것은 죄 사함을 얻게 하려고 많은 사람을 위하여 흘릴 당신의 피라고 말씀하시는 순간입니다. 제자들은 이를 잘 이해하지 못했습니다. 예수님의 십자가 사건 이후에야 비로소 이를 깨달을 수 있었습니다. 이는 예수님께서 우리 안에, 또한 우리가 그분 안에 들어가는 것입니다.

또 다른 하나는 예수님께서 음식을 드시던 중에 일어나셔서 허리에 수건을 두르시고 대야에 물을 떠다가 제자들의 발을 씻기기 시작하신 순간입니다. 다시 자리에 앉으신 예수님께서는 제자들에게 "내가 너희의 발을 씻었으면, 너희도 서로 발을 씻어 주어야 한다. 내가 너희에게 한 것처럼 너희도 하라고, 내가 본을 보여 준 것이다."(요한 13,15)라고 말씀하십니다. 제자들에게 낮아짐을 몸소 보이신 것입니다. 제자들의 직분이 종의 모습으로 하느님과 세상 사람들을 섬겨야 한다는 것을 발 씻김을 통하여 보여 주신 것입니다.

이처럼 두 사건이 최후의 만찬 중에 있었습니다. 예수님께서 사랑과 애정으로 아무 말 없이 제자들의 발을 씻겨 주신 것입니다. 예수님께서 하느님의 아드님으로서 제자들의 발을 씻겨 주실 때 종의 모습을 가지셨습니다. 예수님께서는 이 세상에서 아버지께로 가실 때가 온 것을 아시고 제자들에게 발 씻김을 통하여 제자들에게 섬김이라는 사제의 본질적인 직분을 제시하셨습니다. 주님이신 예수님께서 종들이 주인을 섬기듯이 제자들의 발을 씻겨 주십니다.

그리고 제자들에게 "내가 너희에게 한 것처럼 너희도 하라고" 권고하십니다. 사제는 겸손한 종이 되어야 합니다. 그리고 우리는 서로에게 종이 되어야 합니다. 이것이 바로 예수님의 가르침이고 복음의 정신입니다. 섬기십시오. 예수님께서는 우리 마음 안에 이웃을 위한 섬김이 있기를 바라십니다. 그러려면 우리 마음 안에는 항상 이웃에 대한 연민을 지녀야 합니다. 우리는 가장 보잘것없는 사람이 되어야 합니다. 오늘 우리도 가장 사랑하는 사람들만이 아니라, 가장 미워하는 사람의 발을 씻겨 보시기를 권유합니다. 놀라운 치유의 신비가 있을 것이라 믿습니다.

새 계명의 의미는 무엇일까?

새 계명

요한 13,31-34; 15,12

유다가 나간 뒤에 예수님께서 말씀하셨다. "이제 사람의 아들이 영광스럽게 되었고, 또 사람의 아들을 통하여 하느님께서도 영광스럽게 되셨다. 하느님께서 사람의 아들을 통하여 영광스럽게 되셨으면, 하느님께서도 몸소 사람의 아들을 영광스럽게 하실 것이다. 이제 곧 그를 영광스럽게 하실 것이다. 얘들아, 내가 너희와 함께 있는 것도 잠시뿐이다. 너희는 나를 찾을 터인데, 내가 유다인들에게 말한 것처럼 이제 너희에게도 말한다. '내가 가는 곳에 너희는 올 수 없다.' 내가 너희에게 새 계명을 준다. 서로 사랑하여라. 내가 너희를 사랑한 것처럼 너희도 서로 사랑하여라. 너희가 서로 사랑하면, 모든 사람이 그것을 보고 너희가 내 제자라는 것을 알게 될 것이다"(요한 13,31-34).

예수님께서는 마지막 만찬 때 제자들에게 새 계명을 주십니다. 당신께서 제자들을 사랑하신 것처럼 너희도 서로 사랑하라고 하십니다. 이것으로서 예수님께서는 십자가 수난의 길로 가시기 전에 제자들에게 빵과 포도주를 함께 나누시면서 성체성사를 세우십니다. 또한, 발 씻김을 통하여 '섬김'이라는 종의 자세를 가르치시고 새로운 계명을 주심으로써 제자들이 복음을 전파하는데 필요한 것들을 제정하십니다. 여기서 살펴볼 점은 예수님 사랑의 대상입니다. 공관 복음에서는 형제와 이웃 그리고 가난하고 고통받는 사람들이 연민의 대상이었습니다. 그런데 요한 복음에서 예수님께서는 새 계명으로 우정을 제시하십니다.

> 이것이 나의 계명이다. 내가 너희를 사랑한 것처럼 너희도 서로 사랑하여라. 친구들을 위하여 목숨을 내놓는 것보다 더 큰 사랑은 없다. 내가 너희에게 명령하는 것을 실천하면 너희는 나의 친구가 된다. 나는 너희를 더 이상 종이라고 부르지 않는다. 종은 주인이 하는 일을 모르기 때문이다. 나는 너희를 친구라고 불렀다. 내가 내 아버지에게서 들은 것을 너희에게 모두 알려 주었기 때문이다(요한 15,12-15).

예수님의 이 말씀을 통해 '친구'라 불린 제자들은 이 새 계명에 근거하여 예수와 우정 관계를 세상 전체로 확대할 것입니다. '사랑 계명'이 '새로운 계명'이라고 하는 것은, 구약은 사람들이 자신처럼 이웃을 사랑하라고 요구했지만, 새 계명은 제자들이 자신보다 형제들을 더욱 사랑해야 한다고 전하기 때문입니다.

"내가 너희에게 새 계명을 준다. 서로 사랑하여라. 내가 너희를 사랑한 것처럼 너희도 서로 사랑하여라. 이것이 나의 계명이다. 내가 너희를 사랑한 것처럼 너희도 서로 사랑하여라."(요한 13,34)라는 말씀은 그리스도인들이 이 세상에서 하느님의 백성으로 살아가려면 가장 핵심적으로 새기고 살아가야 한다는 예수 그리스도의 메시지입니다. 하느님께서는 시나이 산에서 모세를 통하여 인간들에게 구약의 율법인 십계명을 내려 주셨습니다. 그리고 하느님의 아드님 예수 그리스도의 수난과 죽음 그리고 부활의 파스카 신비로 이어지는 사랑의 신약을 통하여 새로운 계명을 제시하심으로써 그리스도인들이 어떻게 살아야 하는지에 대해서 새로운 지평을 열어 주신 것입니다.

아버지, 아버지께서 저에게 주신 이들도 제가 있는 곳에 저와 함께 있게 되기를 바랍니다. 세상 창조 이전부터 아버지께서 저를 사랑하시어 저에게 주신 영광을 그들도 보게 되기를 바랍니다.

의로우신 아버지, 세상은 아버지를 알지 못하였지만 저는 아버지를 알고 있었습니다. 그들도 아버지께서 저를 보내셨다는 것을 알게 되었습니다. 저는 그들에게 아버지의 이름을 알려 주었고 앞으로도 알려 주겠습니다. 아버지께서 저를 사랑하신 그 사랑이 그들 안에 있고 저도 그들 안에 있게 하려는 것입니다(요한 17,24-26).

요한 복음에 따르면 예수님의 목적은 하느님과 예수 그리스도와의 사랑의 친교에 신앙인들이 참여하는 것입니다. 제자들의 형제적 사랑과 제자들과 스승이신 예수님 사이의 사랑과 아버지와 아들 사이의 사랑에 우리도 참여하는 것입니다. 참된 신앙은 그리스도의 사랑 안에 참으로 머물면서 삶 전체를 통하여 그의 모범과 계명에 따라 이웃 인간들을 사랑하는 데에서 검증됩니다.

"너희가 나를 사랑하면 내 계명을 지킬 것이다. 내 계명을 받아 지키는 이야말로 나를 사랑하는 사람이다, 나를 사랑하는 사람은 내 아버지께 사랑을 받을 것이다. 그리고 나도 그를 사랑하고 그에게 나 자신을 드러내 보일 것이다"(요한 14,15; 21).

이처럼 그리스도의 사랑에 응답하는 사랑은 그분의 계명, 곧 서로 사랑하라는 계명을 지킴으로써 구체적으로 표현됩니다. 새 계명은 다른 사람을 위해 자신을 희생할 수 있는 사랑입니다. 이것은 복음의 핵심이며 예수 그리스도의 유언입니다. 우리가 서로 사랑하고 모든 사람을 한 형제자매로 받아들여 함께 살라는 것입니다. 예수님께서 생명을 바치시어 사람을 사랑하신 것처럼 우리도 목숨을 걸고 끝까지 사랑하라는 것입니다.

우리는 서로 다름을 인정하는가?

그들이 모두 하나가 되게 하소서

요한 17,11-24

저는 더 이상 세상에 있지 않지만 이들은 세상에 있습니다. 저는 아버지께 갑니다. 거룩하신 아버지, 아버지께서 저에게 주신 이름으로 이들을 지키시어, 이들도 우리처럼 하나가 되게 해 주십시오. 저는 이들과 함께 있는 동안, 아버지께서 저에게 주신 이름으로 이들을 지켰습니다. 제가 그렇게 이들을 보호하여, 성경 말씀이 이루어지려고 멸망하도록 정해진 자 말고는 아무도 멸망하지 않았습니다. 이제 저는 아버지께 갑니다. 제가 세상에 있으면서 이런 말씀을 드리는 이유는, 이들이 속으로 저의 기쁨을 충만히 누리게 하려는 것입니다. 저는 이들에게 아버지의 말씀을 주었는데, 세상은 이들을 미워하였습니다. 제가 세상에 속하지 않은 것처럼 이들도 세상에 속하지 않기 때문입니다. 이들을 세상에서 데려가시라고 비는 것이 아니라, 이들을 악에서 지켜 주십사고 빕니다. 제가 세상에 속하지 않은 것처럼 이들도 세상에 속하지 않습니다. 이들을 진리로 거룩하게 해 주십시오. 아버지의 말씀이 진리입니다. 아버지께서 저를 세상에 보내신 것처럼 저도 이들을 세상에 보냈습니다. 그리고 저는 이들을 위하여 저 자신을 거룩하게 합니다. 이들도 진리로 거룩해지게 하려는 것입니다. 저는 이들만이 아니라 이들의 말을 듣고 저를 믿는 이들을 위해서도 빕니다. 그들이 모두 하나가 되게 해 주십시오. 아버지, 아버지께서 제 안에 계시고 제가 아버지 안에 있듯이, 그들도 우리 안에 있게 해 주십시오. 그리하여 아버지께서 저를 보내셨다는 것을 세상이 믿게 하십시오. 아버지께서 저에게 주신 영광을 저도 그들에게 주었습니다. 우리가 하나인 것처럼 그들도 하나가 되게 하려는 것입니다. 저는 그들 안에 있고 아버지께서는 제 안에 계십니다. 이는 그들이 완전히 하나가 되게 하려는 것입니다. 그리고 아버지께서 저를 보내시고, 또 저를 사랑하셨듯이 그들도 사랑하셨다는 것을 세상이 알게 하려는 것입니다(요한 17,11-24).

예수님께서는 당신께서 떠나신 세상을 살아가야 하는 제자들을 위해 기도하십니다. 당신이 없는 세상 속에서도 제자들이 일치하여 하나가 되게 해 주시라고, 하느님과 예수님께서 하나이셨던 것처럼 제자들이 또한 하나가 되게 해 주시라고 아버지 하느님께 기도하고 계신 것입니다. 하느님께서 당신의 뜻대로 당신의 아들을 이 세상에 보내셨습니다. 성자 예수님께서는 아버지 하느님의 말씀에 완벽하게 순종하셨습니다. 예수님께서 하느님께 순종하시어 십자가 수난의 길을 가시는 것처럼 제자들도 예수님께 순종하여 십자가 수난의 길을 따르게 해 주시라고 기도하시는 것입니다.

그리고 주님께서는 이 세상에 남겨진 신앙인들에게도 모두 하나가 됨을 요구하는 것입니다. 일치를 이루는 삶이 얼마나 힘이 들면 예수님께서 그토록 하느님께 기도하셨겠습니까? 남겨진 제자들이 예수님을 따라 복음을 전파하다 순교했듯이 우리 신앙인들이 이 세상에서 일치의 삶을 살아갈 때 겪게 되는 고난을 어떻게 극복해야 하는지 질문하게 됩니다. 예수님께서 가신 십자가의 길을 따를 수 있겠습니까?

예수님께서는 하느님의 뜻을 이루시고자 죽음도 불사하시고 완전한 순종하신 것입니다. 그 순간 예수님과 하느님께서는 하나가 되셨습니다. 우리 자신에게 물어 보아야겠습니다. 우리도 예수님과 하나가 되기 위하여 십자가에 매달릴 수 있습니까? 대부분의 신앙인들은 그럴 수 없을 것입니다. 그것은 비난받을 사안이 아니라, 연약한 인간으로서 자연스러운 일입니다. 하지만 우리는 겸손하게 주님께 그것이 우리 신앙의 모습이라고 고백해야 합니다.

바오로 사도는 몸에 육체의 가시 같은 질병이 있었습니다. 그런데 그것이 하느님께서 자신에게 주신 것이라고 고백합니다. 바오로가 너무 많은 계시를 하느님으로부터 받아 혹시 그가 교만해질까 봐 하느님께서 적당한 병을 허락하셨다는 것입니다. 바오로는 병들기 싫어 주님께 고쳐 달라고 세 번이나 기도했습니다. 그런데 하느님께서 바오로가 교만하지 않고 당신께 순종하는 이로 살게 하시려고 허락하신 것입니다. 그것이 바로 예수님의 십자가 길을 따라 예수님과 하나가 되는 것입니다. 예수님께서는 이 세상에서 하느님을 따라서 하나가 되는 사람들이 어떻게 살아가게 되는지 본을 보여 주고 가신 것입니다. 우리는 하느님께 사랑받는 자녀로서 이 세상의 법칙을 따르는 삶이 아닌 하느님께만 순종하는 이가 가야 하는 십자가의 길을 경험하게 되는 것입니다. 그것은 그리스도 안에서 하나가 되는 것입니다.

우리 인간은 각자 다양한 다름을 가지고 태어났습니다. 또한 선악과 상관없는 좋고 싫음이 있습니다. 신앙 공동체 생활을 통하여 일치를 이루는 것은 쉬운 일이 아닙니다. 하느님께서는 인간의 모습이 고유하듯이 인간이 하느님을 믿고 따르는 신앙의 모습도 각자에게 고유하게 부여하셨습니다. 따라서 인간의 신앙에는 우열이 없는 것이라고 생각합니다. 그 각기 다른 다양한 사람들의 신앙의 모습을 인정하고 하느님 안에서 일치하여 공존하기를 하느님께서 우리에게 말씀하고 계시는 것입니다. 우리는 신앙 안에서 다른 사람들과 소통하고 나누어야 합니다. 온유하고 겸손한 자세로 주님 안에서 하나가 될 수 있도록 기도해야겠습니다.

제3부

사도행전, 바오로 서간, 기타 신약 성경에서의 질문

우리는 스테파노처럼 용서할 수 있는가?

스테파노가 순교하다

사도 7,54-60

그들은 이 말을 듣고 마음에 화가 치밀어 스테파노에게 이를 갈았다. 그러나 스테파노는 성령이 충만하였다. 그가 하늘을 유심히 바라보니, 하느님의 영광과 하느님 오른쪽에 서 계신 예수님이 보였다. 그래서 그는 "보십시오, 하늘이 열려 있고 사람의 아들이 하느님 오른쪽에 서 계신 것이 보입니다." 하고 말하였다. 그들은 큰 소리를 지르며 귀를 막았다. 그리고 일제히 스테파노에게 달려들어, 그를 성 밖으로 몰아내고서는 그에게 돌을 던졌다. 그 증인들은 겉옷을 벗어 사울이라는 젊은 이의 발 앞에 두었다. 사람들이 돌을 던질 때에 스테파노는, "주 예수님, 제 영을 받아 주십시오." 하고 기도하였다. 그리고 무릎을 꿇고 큰 소리로, "주님, 이 죄를 저 사람들에게 돌리지 마십시오." 하고 외쳤다. 스테파노는 이 말을 하고 잠들었다.(사도 7,54-60).

스테파노는 예수님께서 가신 십자가 수난의 죽음을 따른 첫 순교자입니다. 유다인들과 원로들, 율법 학자들은 스테파노를 붙잡아 최고 의회로 끌고 갔습니다. 그리고 거짓 증인들을 내세워 말하게 합니다.

> "이 사람은 끊임없이 이 거룩한 곳과 율법을 거슬러 말합니다. 사실 저희는 그 나자렛 사람 예수님께서 이곳을 허물고 또 모세가 우리에게 물려준 관습들을 뜯어고칠 것이라고, 이자가 말하는 것을 들었습니다"(사도 6,13-14).

모세를 모독한다는 것은 하느님께서 모세에게 주신 율법을 거역하는 것입니다. 대사제는 이들의 증언이 사실이냐고 스테파노에게 묻습니다. 스테파노는 아브라함의 이야기를 시작으로 예수님의 십자가 죽음에 이르기까지 이스라엘 역사 전체를 이야기하기 시작합니다. 아브라함과 요셉, 모세, 이집트를 탈출한 백성들, 다윗, 솔로몬 등을 언급하며, 스테파노는 자신이 유다교 전통 안에 있다는 것을 보여 줍니다. 더불어 요셉 이야기를 통해서 형제간의 불화와 이스라엘 백성들이 하느님께 불충실했던 것을 지적하며 '예수님의 죽음'에 대해서도 말합니다. "이제 여러분은 그 의로우신 분을 배신하고 죽였습니다. 여러분은 천사들의 지시에 따라 율법을 받고도 그것을 지키지 않았습니다"(사도 7,52ㄴ-53).

최고 의회의 의원들은 그의 말을 듣고 분노합니다. 스테파노가 자신들을 '의로우신 예수님을 죽인 살인자'(사도 7,52 참조)라고 지적했기 때문입니다. 더 나아가 스테파노는 "보십시오. 하늘이 열려있고 사람의 아들이 하느님 오른쪽에 서 계신 것이 보입니다."(사도 7,56)라고 말합니다. 곧 예수님께서 하느님이시고 그리스도이심을 알린 것입니다. 유다인들은 큰소리를 지르며 귀를 막습니다. 그리고 일제히 스테파노에게 달려들어 그를 성 밖으로 몰아내고서는 그에게 돌을 던지기에 이릅니다. 그 살인자들은 겉옷을 벗어 사울이라는 젊은이의 발 앞에 둡니다. 이 사울이 바로 바오로입니다. 사울은 그때까지도 자신이 생각하는 것이 잘못된 것이라는 것을 모릅니다. 그래서 스테파노가 돌에 맞아 죽어가고 있음에도 살인자들을 동조하며 그들의 옷을 맡아 주고 있습니다. 스테파노는 이들이 던지는 돌에 맞아 죽어가면서도 "주 예수님, 제 영을 받아 주십시오."(사도 7,59)라고 기도합니다. 그리고 무릎을 꿇고 큰 소리로, "주님, 이 죄를 저 사람들에게 돌리지 마십시오."(사도 7,60)라고 외치며 죽음을 맞이합니다. 스테파노의 외침은 예수님께서 십자가에 못 박히시면서 하신 말씀과 너무나도 닮았습니다. "아버지, 저들을 용서해 주십시오. 저들은 자기들이 무슨 일을 하는지 모릅니다"(루카 23,34).

　　이 본문에는 주요한 두 사람이 등장합니다. 바로 스테파노와 사울입니다. 스테파노는 성령의 은총으로 예수 그리스도를 증거하며 죽음으로써 예수님 복음 선포의 첫 장을 엽니다. 그런 스테파노의 뒤를 이어 앞으로 복음을 선포하고자 긴 여정을 떠날 사울이지만, 그 순간만큼은 여전히 어둠에 갇혀 있습니다. 유다인들의 눈은 멀고 귀는 막혔습니다. 사울도 마찬가지입니다.

우리는 어떠한가요? 그 사건의 현장에서 우리는 스테파노입니까? 사울입니까? 성경을 읽다 보면 하느님을 따르는 데 있어서 대조적인 두 사람이 등장할 때 대체로 하느님을 따르지 않는 사람을 비난하지만, 우리의 본모습 또한 하느님을 따르지 않는 사람인 경우가 많을 것입니다. 그래서 스테파노는 "주님, 이 죄를 저 사람들에게 돌리지 마십시오."(사도 7,60) 하고 외쳤나 봅니다. 스테파노는 죽음의 순간에도 그들을 용서하고 있습니다.

스테파노의 순교 이후 교회는 큰 박해를 받기 시작합니다. 그리하여 사도들 말고는 모두 유다와 사마리아 지방으로 흩어집니다. 사울은 교회를 없애 버리려고 남자든 여자든 끌어다가 감옥에 넘깁니다. 그렇게 박해하면 그리스도교가 흔적도 없이 사라져야 하는데, 오히려 스테파노의 순교를 통하여 그리스도인들이 사방으로 흩어졌고, 그곳에서 선교로 열매를 맺게 됩니다. 예수 그리스도의 십자가 신비입니다.

우리의 회심은 온전한 회심인가?

사울이 회심하다

사도 9,1-19

사울은 여전히 주님의 제자들을 향하여 살기를 내뿜으며 대사제에게 가서, 다마스쿠스에 있는 회당들에 보내는 서한을 청하였다. 새로운 길을 따르는 이들을 찾아내기만 하면 남자든 여자든 결박하여 예루살렘으로 끌고 오겠다는 것이었다. 사울이 길을 떠나 다마스쿠스에 가까이 이르렀을 때, 갑자기 하늘에서 빛이 번쩍이며 그의 둘레를 비추었다. 그는 땅에 엎어졌다. 그리고 "사울아, 사울아, 왜 나를 박해하느냐?" 하고 자기에게 말하는 소리를 들었다. 사울이 "주님, 주님은 누구십니까?" 하고 묻자 그분께서 대답하셨다. "나는 네가 박해하는 예수다. 이제 일어나 성안으로 들어가거라. 네가 해야 할 일을 누가 일러 줄 것이다." 사울과 동행하던 사람들은 소리는 들었지만 아무도 볼 수 없었으므로 멍하게 서 있었다. 사울은 땅에서 일어나 눈을 떴으나 아무것도 볼 수가 없었다. 그래서 사람들이 그의 손을 잡고 다마스쿠스로 데려갔다. 사울은 사흘 동안 앞을 보지 못하였는데, 그동안 그는 먹지도 않고 마시지도 않았다.

다마스쿠스에 하나니아스라는 제자가 있었다. 주님께서 환시 중에 "하나니아스야!" 하고 그를 부르셨다. 그가 "예, 주님." 하고 대답하자 주님께서 그에게 말씀하셨다. "일어나 '곧은 길'이라는 거리로 가서, 유다의 집에 있는 사울이라는 타르수스 사람을 찾아라. 지금 사울은 기도하고 있는데, 그는 환시 중에 하나니아스라는 사람이 들어와 자기에게 안수하여 다시 볼 수 있게 해 주는 것을 보았다." 하나니아스가 대답하였다. "주님, 그 사람이 예루살렘에서 주님의 성도들에게 얼마나 못된 짓을 하였는지 제가 많은 이에게서 들었습니다. 그리고 그는 주님의 이름을 받들어 부르는 이들을 모두 결박할 권한을 수석 사제들에게서 받아 가지고 여기에 와 있습니다." 주님께서 그에게 이르셨다. "가거라. 그는 다른 민족들과 임금들과 이스라엘 자손들에게 내 이름을 알리도록 내가 선택한 그릇이다"(사도 9,1-16).

바오로에 대한 기록은 열세 편의 편지와 사도행전이 있습니다. 바오로의 편지들은 바오로 본인의 단편적인 기록을 모은 것이고 사도행전은 루카의 객관적인 기록이므로 비교적 사실에 근거한다고 봅니다. 바오로는 뼛속까지 유다인이자 로마 시민이었습니다. 그리고 헬라어에 능했습니다. 이렇게 보면 바오로는 운명적으로 이방인 선교를 통하여 그리스도교를 확장하는 데에 필요한 조건을 타고 났습니다. 그런 의미에서 예수님께서 바오로를 사도로 선택하신 것은 필연적인 결과로 보입니다. 바오로는 순수한 유대인이자 동시에 엄격한 바리사이었습니다. 그래서 스테파노가 순교하는 자리에도 있었고 그리스도교 탄압에 있어서도 적극적인 역할을 한 것으로 보입니다. 그는 대사제들에게 위임을 받아 그리스도교에 대한 증오심을 불태우면서 다마스쿠스로 향했습니다. 그런 그가 다마스쿠스에 가까이에 이르렀을 때 느닷없이 회심하게 됩니다. 그야말로 돌연한 회심이었습니다.

때는 대낮이었는데 하늘로부터 빛이 비추었습니다. 바오로는 땅에 엎어졌습니다. 그리고 "사울아, 사울아, 왜 나를 박해하느냐"라는 소리를 들었습니다. 그래서 그는 "주님, 주님께서는 누구십니까?"라고 묻자 예수님께서는 "나는 네가 박해하는 예수다."(요한 9,4-6)라고 말씀하십니다. 그 뒤 바오로는 회심하게 되고 특별한 사명까지도 부여받습니다. 이처럼 바오로의 회심은 그가 예루살렘 밖으로 도망간 그리스도인들을 잡기 위하여 다마스쿠스로 가는 도중 부활하신 그리스도와 만남으로써 이루어집니다. 바오로는 이 그리스도의 현현을 부활하신 그리스도께서 그의 제자들에게 나타나신 것과 같은 것으로 간주하였고, 자신을 그리스도 부활의 증인들 가운데 한 사람으로 생각합니다.

바오로가 땅에 엎어짐과 동시에 눈이 멀어 동행인의 손에 이끌려 다마스쿠스로 들어가 사흘 동안 식음을 전폐하게 됩니다.

사흘째 되는 날 주님께서는 다마스쿠스의 '하나니아스'라는 신자를 바오로에게 보내십니다. 그는 바오로에게 가서 안수하고 바오로가 다시 볼 수 있게 해 줍니다. 또 바오로를 선택한 이유에 대한 주님의 말씀을 전합니다. 바오로는 주님의 이름을 이스라엘 민족뿐만이 아니라 이방인에게도, 다른 민족들에게도 증거하라고 부르심을 받은 것입니다. 그리하여 그는 세례를 통하여 지금껏 원수라 여겼던 나자렛 예수를 그리스도로 받아들입니다. 바오로의 회심은 그리스도교가 한 나라의 종교를 넘어 보편 종교로 가는 전환점이 되었습니다.

바오로의 회심은 그리스도인들의 원수였던 자가 예수 그리스도의 종이 된 사건입니다. 교회를 핍박하였기 때문에 사도라 불릴 자격조차 없었던 바오로에게 부활하신 그리스도께서 나타나셔서 특별히 이방인의 사도로 부르신 것입니다. 우리는 바오로의 회심을 살펴보면서 우리가 어떤 회심의 과정을 통하여 주님을 그리스도로 고백했으며, 그때 주님에게서 받은 소명이 무엇인지 묵상해 보아야겠습니다.

우리는 리디아처럼
복음적인 삶을 사는가?

필리피에서 리디아가 복음을 받아들이다

사도 16,11-15

우리는 배를 타고 트로아스를 떠나 사모트라케로 직행하여 이튿날 네아폴리스로 갔다. 거기에서 또 필리피로 갔는데, 그 곳은 마케도니아 지역에서 첫째가는 도시로 로마 식민시였다. 우리는 그 도시에서 며칠을 보냈는데, 안식일에는 유다인들의 기도처가 있다고 생각되는 성문 밖 강가로 나갔다. 그리고 거기에 앉아 그곳에 모여 있는 여자들에게 말씀을 전하였다. 티아티라 시 출신의 자색 옷감 장수로 이미 하느님을 섬기는 이였던 리디아라는 여자도 듣고 있었는데, 바오로가 하는 말에 귀 기울이도록 하느님께서 그의 마음을 열어 주셨다. 리디아는 온 집안과 함께 세례를 받고 나서, "저를 주님의 신자로 여기시면 저의 집에 오셔서 지내십시오." 하고 청하며 우리에게 강권하였다(사도 16,11-15).

소아시아의 티아티라 태생인 리디아는 자색 옷감 장수였는데, 필리피에서 행한 바오로 사도의 설교에 감동하여 세례를 받고 개종하여 첫 그리스인 그리스도교 신자가 되었습니다. 그 뒤 온 집안 식구들도 세례를 받게 하고, 바오로가 그녀의 집에 머물며 계속해서 선교 활동을 이어갈 수 있도록 협력하였습니다(사도 16,12-15 참조).

리디아는 복음을 전하는 이들을 귀하게 섬길 줄 알았습니다. 이런 리디아로 말미암아 필리피 교회는 바오로 사도에게 아주 특별한 교회가 되었습니다. 리디아와 그 가족이 첫 열매가 되어 이후 많은 사람이 세례를 받고 큰 교회를 이루게 됩니다. 리디아는 바오로의 일행을 위해 물심양면으로 그들을 돕고 봉사를 아끼지 않았습니다. 교회가 큰 성장을 할 수 있었던 것도 리디아의 신앙생활이 주위 사람의 모범이 되었기에 가능했을 것입니다. 바오로 사도가 리디아를 생각할 때마다 주님께 감사를 드렸다고 합니다.

리디아는 자신의 집을 선교 장소로 내놓고 그 집에 항상 새로운 나그네 설교자들이 드나들 수 있게 했는데 그 일에는 대담한 용기도 필요했습니다. 왜냐하면 관청을 상대로 그 일에 대한 책임을 감수해야 했기 때문입니다. 하지만 리디아는 이웃을 위해 자기 자신을 헌신했습니다. 바오로가 감옥에 갇혔다가 석방된 뒤 가장 먼저 찾아간 곳도 리디아의 집이었다고 사도행전은 전합니다. "이렇게 그들은 감옥에서 나와, 리디아의 집으로 가서 형제들을 만나 격려해 주고 떠났다"(사도 16,40). 바오로는 필리피 형

제자매들을 "나의 기쁨이요 화관"(필립 4,1)이라 불렀습니다. 리디아는 바오로에게 하느님 나라의 중요한 협력자였습니다.

리디아는 하늘 나라로 간 제 딸의 세례명이기도 합니다. 제가 딸아이에게 이 세례명을 지어준 이유는 리디아 성녀를 잘 알아서가 아니라, 태어난 지 보름 만에 유아 세례를 받은 딸아이의 생일인 8월 3일의 성녀 가운데 한 명이 리디아였기 때문입니다. 아이가 하늘 나라로 간 뒤에서야 리디아 성녀에 대하여 알게 되었습니다. 아이에게 리디아 성녀의 아름다운 삶을 들려주지 못해 마음이 많이 아팠습니다. 이 리디아에 대한 이야기는 하늘 나라에 있는 제 딸 리디아에게 들려주는 이야기입니다.

사도행전의 주인공은 누구인가?

사도행전

    사도행전을 읽으면서 가장 궁금했던 것은 제목으로 보면 사도들의 행적과 말씀에 관한 내용이어야 하는데 실제의 내용은 서두에 베드로가 잠깐 언급되고 나서는 거의 바오로의 선교에 관한 내용이라는 점입니다. 그러나 루카의 두 번째 책인 사도행전의 핵심은 열두 사도나 베드로, 바오로가 아니라 '하느님의 행전'이라고 봅니다. 루카에게 하느님은 역사의 주인이시고 하느님의 약속과 성취는 하느님의 주권과 신실하심의 증거입니다. 또한 사도행전의 그리스도론은 루카 복음의 그리스도론보다 더 승화되어 논리적인 발전을 보여 주고 있습니다. 주님의 재림은 연기되었고, 교회는 주님의 부재 중에 교회의 역할을 규명하고자 노력을 기울였습니다. 사도행전은 '성령의 복음'이라고도 불립니다. 루카는 성령과 사람들과의 관계가 오순절 이후에 바뀌는 것으로 본 듯합니다. 결론적으로 사도행전은 하느님 중심이며, 그리스도 중심이고 성령 중심입니다. 곧, 삼위일체라는 것입니다.

루카의 종말론은 하느님 나라가 현재와 미래 두 차원을 다 지니고 있습니다. 오늘날의 교회는 현재의 차원에 참여하고, 아울러 아직 다가오는 보다 더 큰 구원의 경험을 선포합니다. 사도행전에 나오는 교회에 대한 이야기는 성장과 성공과 실패의 이야기이고 이스라엘 선교와 이방인 선교 그리고 초대 교회의 공동체의 삶에 관한 이야기입니다.

루카의 하느님, 예수님, 성령에 관한 이해는 분명 교회와 그 임무에 대한 개념에 영향을 미칩니다. 루카는 사목적인 관점에서 복음 선포에 의한 선교에 최고의 가치를 부여했으며, 그 선교의 주체로서 하느님의 도우심을 확신했다고 봅니다.

오직 믿음으로만 구원받는가?

믿음으로 의롭게 되는 길(바오로의 의화)

로마 3,21-31

그러나 이제는 율법과 상관없이 하느님의 의로움이 나타났습니다. 이는 율법과 예언자들이 증언하는 것입니다. 예수 그리스도에 대한 믿음을 통하여 오는 하느님의 의로움은 믿는 모든 이를 위한 것입니다. 거기에는 아무 차별도 없습니다. 모든 사람이 죄를 지어 하느님의 영광을 잃었습니다. 그러나 그리스도 예수님 안에서 이루어진 속량을 통하여 그분의 은총으로 거저 의롭게 됩니다. 하느님께서는 예수님을 속죄의 제물로 내세우셨습니다. 예수님의 피로 이루어진 속죄는 믿음으로 얻어집니다. 사람들이 이전에 지은 죄들을 용서하시어 당신의 의로움을 보여 주시려고 그리하신 것입니다. 이 죄들은 하느님께서 관용을 베푸실 때에 저질러졌습니다. 지금 이 시대에는 하느님께서 당신의 의로움을 보여 주시어, 당신께서 의로우신 분이며 또 예수님을 믿는 이를 의롭게 하시는 분임을 드러내십니다.

그러니 자랑할 것이 어디 있습니까? 전혀 없습니다. 무슨 법으로 그리되었습니까? 행위의 법입니까? 아닙니다. 믿음의 법입니다. 사실 사람은 율법에 따른 행위와 상관없이 믿음으로 의롭게 된다고 우리는 확신합니다. 하느님은 유다인들만의 하느님이십니까? 다른 민족들의 하느님은 아니십니까? 아닙니다. 다른 민족들의 하느님이시기도 합니다. 정녕 하느님은 한 분이십니다. 그분께서 할례 받은 이들도 믿음으로 의롭게 하시고, 할례 받지 않은 이들도 믿음을 통하여 의롭게 해 주실 것입니다. 그렇다면 우리가 믿음으로 율법을 무효가 되게 하는 것입니까? 결코 그렇지 않습니다. 오히려 율법을 굳게 세우자는 것입니다(로마 3,21-31).

이 본문은 바오로 사도의 신학적 개념의 핵심적 내용이라고 할 수 있습니다. 구원으로 가는 길이 공관 복음에서는 '하느님 나라'이고 요한 복음에서는 '영원한 생명'이라면 바오로 사도에게는 '의화'라고 봅니다. 바오로 사도는 갈라티아서에서 의화론의 초고를 작성하였고, 3차 전도 여행 때 코린토에 3개월 가량 머물면서 자신의 신학의 요체인 의화론을 집대성하였습니다. 이 본문은 구원에 관하여 '인간은 율법을 지키는 행위로서가 아니라, 믿음으로 의화된다.'는 내용을 언급하고 있습니다. 그리고 하느님의 구원에는 인간에 대한 차별이 없다고 하면서 구원의 보편성을 제시합니다. 인간은 죄에서 벗어나고자 율법을 지키는 것만으로는 불가능하고 믿음에 의한 하느님 은총으로 구원될 수 있다는 것을 설명합니다. 인간의 의지로는 불가능한 죄로부터의 해방의 길을 예수 그리스도의 십자가 구속으로 얻게 되었음을 밝힙니다.

바오로는 본디 율법을 중요시하는 바리사이였습니다. 그런데 다마스쿠스로 가는 길에서 부활한 예수님의 발현을 체험하면서 예수님을 주님으로 믿게 됩니다. 바오로가 고백하는 예수님은 십자가에서 죽으시고 부활하신 분으로서의 예수님입니다. 의화는 바오로가 제시하는 여러 구원 개념 가운데 하나입니다. 의화론이 바오로 신학의 핵심인가에 대해서는 학자들 간에 의견이 다릅니다. 바오로는 3차 선교 여행 초기(53-54년경)에 집필한 갈라티아서에서 처음으로 의화론적 개념을 사용하고 있습니다. 그의 의화론은 갈라티아서에서의 할례 문제와 관련하여 유다주의적 반대자들과 논쟁하는 가운데 발전한 것으로 보고 있습니다.

갈라티아서와 로마서에서 바오로가 말하고자 하는 의화의 의미는 "사람이 율법을 지키는 행실로써가 아니라, 오직 예수 그리스도께 대한 신앙을 통해서만 의롭게 된다는 것을 알고 있습니다. 우리가 예수님을 믿게 되는 것은 율법을 지키는 행실로써가 아니라, 그리스도께 행한 신앙을 통해 의롭게 되기 때문입니다. 누구도 율법을 지키는 행실로써는 의롭게 될 수 없습니다."(갈라 2,16)라고 할 수 있습니다. 바오로는 의화 교리는 예수님의 죽음과 부활을 통해 인간을 구원하시는 하느님께 대한 결정적인 응답이 바로 신앙임을 강조하는 것입니다.

로마서에서 바오로는 "우리는 사람이 율법의 행위와는 상관
없이 믿음으로 의롭게 된다고 우리는 확신합니다"(로마 3,28). 로마
서에 따르면 의화는 "그리스도 예수 안에 이루어진 속량을 통하
여"(로마 3,24) 곧 "그분의 피를 통해서"(로마 3,25) "거저"(로마 3,24) 이루
어지는데, 의롭게 하시는 하느님께서 그리스도 안에서 역사하심
으로 인해서입니다. 한마디로 하느님의 주도적인 구원 행위를
통해서 죄인들의 의화가 이루어집니다.[32] 훗날 바오로의 의화론
은 루터의 종교 개혁의 이론적 토대가 됩니다. 바오로 사도는 오
직 신앙만을 강조하고 신앙의 실천을 부정한 것은 아니라 구원
의 본질을 이야기한 것으로 봅니다.

예수 그리스도께서는
제2의 아담이신가?

아담과 그리스도

로마 5,12-21

그러므로 한 사람을 통하여 죄가 세상에 들어왔고 죄를 통하여 죽음이 들어왔듯이, 또한 이렇게 모두 죄를 지었으므로 모든 사람에게 죽음이 미치게 되었습니다. 사실 율법이 있기 전에도 세상에 죄가 있었지만, 율법이 없어서 죄가 죄로 헤아려지지 않았습니다. 그러나 아담부터 모세까지는, 아담의 범죄와 같은 방식으로 죄를 짓지 않은 자들까지도 죽음이 지배하였습니다. 아담은 장차 오실 분의 예형입니다.

그렇지만 은사의 경우는 범죄의 경우와 다릅니다. 사실 그 한 사람의 범죄로 많은 사람이 죽었지만, 하느님의 은총과 예수 그리스도 한 사람의 은혜로운 선물은 많은 사람에게 충만히 내렸습니다. 그리고 이 선물의 경우도 그 한 사람이 죄를 지은 경우와는 다릅니다. 한 번의 범죄 뒤에 이루어진 심판은 유죄 판결을 가져왔지만, 많은 범죄 뒤에 이루어진 은사는 무죄 선언을 가져왔습니다. 사실 그 한 사람의 범죄로 그 한 사람을 통하여 죽음이 지배하게 되었지만, 은총과 의로움의 선물을 충만히 받은 이들은 예수 그리스도 한 분을 통하여 생명을 누리며 지배할 것입니다.

그러므로 한 사람의 범죄로 모든 사람이 유죄 판결을 받았듯이, 한 사람의 의로운 행위로 모든 사람이 의롭게 되어 생명을 받습니다. 한 사람의 불순종으로 많은 이가 죄인이 되었듯이, 한 사람의 순종으로 많은 이가 의로운 사람이 될 것입니다. 율법이 들어와 범죄가 많아지게 하였습니다. 그러나 죄가 많아진 그곳에 은총이 충만히 내렸습니다. 이는 죄가 죽음으로 지배한 것처럼, 은총이 우리 주 예수 그리스도를 통하여 영원한 생명을 가져다주는 의로움으로 지배하게 하려는 것입니다(로마 5,12-21).

이 본문은 제가 신앙인으로서 가장 궁금해 했던 내용을 담고 있습니다. 그것은 '내가 태어나기도 전에 있었던 아담의 죄가 어떻게 나의 죄가 되는가?'라는 것입니다. 이 본문은 아담으로 상징되는 인간의 죄와 죽음의 역사와 이와 대조되는 예수 그리스도의 의로움과 생명의 역사에 대해 잘 설명하고 있습니다. 세상에 갓 태어난 아이는 죄를 짓지 않았고, 또 의식도 없는데 어떻게 죄인일 수 있을까요? 이것은 신학적으로 '원죄에 대한 논쟁'이라고 합니다. 이 본문은 모든 인간이 아담으로부터의 원죄를 물려받았다고 말합니다. 바오로는 본문에서 한 사람으로 말미암아 죄가 세상에 들어왔다고 말합니다. 그 한 사람은 아담입니다. 하느님의 모상으로 창조된 최초의 인간 아담이 하느님 말씀에 불순종했습니다. 아담은 하느님의 명령을 어겨서 에덴동산에서 선악과를 따 먹었습니다. 그리고 이 불순종으로 말미암아 죄가 세상 안에 들어오게 되었습니다.

이 본문에서는 "죄를 통하여 죽음이 들어왔다."고 전합니다. 이 세상에 태어난 모든 사람은 아담의 죄에 대한 형벌로 다 죽게 된다는 것입니다. 이것이 바로 인간의 본질과 운명입니다. 그러나 하느님께서는 당신 백성들을 완전히 버리시지 않으시고 예수 그리스도를 통하여 그들을 구원하시기로 결정하십니다. 그 한 사람 아담으로 말미암아 모든 인류가 죽음을 면치 못하게 되었지만 하느님께서는 또 한 사람, 곧 하느님의 아드님이신 예수 그리스도를 이 세상에 보내시어 모든 인류를 구원하고자 하십니다. 그래서 우리는 예수 그리스도를 '둘째 아담'이라고 말합니다. 첫 번째 아담의 죄를 두 번째 아담 예수 그리스도께서 십자가에서 죽으심으로 많은 사람을 그 죽음으로부터 구원하신 것입니다. 그리스도의 십자가 죽음과 희생으로 죽음 대신에 모든 사람에게 영생의 은총이 주어진 것입니다.

정리하면 아담이 죄를 지어 이 세상에 죄가 들어왔고, 그 죄로 말미암아 죽음이 온 인류에게 미치게 되었습니다. 그러나 그리스도의 의로움으로 그리스도처럼 의롭지 않은 모든 사람에게도 생명의 길이 주어졌다는 것입니다. 이 주장이 현대인들에게 설득력이 있는지는 의문입니다. 그러나 바오로 사도가 여기서 말하고자 하는 핵심은 죄가 아니라 은총이며, 죽음이 아니라 생명입니다. 그리고 예수 그리스도입니다. 그는 이 복음을 통해 '죄는 세상에 죽음을 가져다주었지만, 은총은 모든 사람을 영원한 생명에 이르게 했다.'고 결론지어 증언합니다.[33]

바오로가 이스라엘에 대한 하느님의 특별한 선택을 말하고자 한 이유는 무엇인가?

하느님의 이스라엘 선택

로마 9,6-18

그렇다고 하느님의 말씀이 허사로 돌아갔다는 것은 아닙니다. 사실 이스라엘 자손이라고 다 이스라엘 백성이 아닙니다. 아브라함의 후손이라고 다 그의 자녀가 아닙니다. "이사악을 통하여 후손들이 너의 이름을 물려받을 것이다."라고 하였습니다. 이는 육의 자녀가 곧 하느님의 자녀가 되는 것이 아니고, 약속의 자녀라야 그분의 후손으로 여겨진다는 뜻입니다. 약속이라는 것은, "이맘때에 내가 다시 올 터인데 그때에 사라에게 아들이 있을 것이다." 하신 말씀입니다. 그뿐만 아니라, 레베카가 한 남자 곧 우리 조상 이사악에게서 잉태하였을 때에도 마찬가지입니다. 두 아들이 태어나기도 전에, 그들이 선이나 악을 행하기도 전에, 하느님께서는 당신 선택의 뜻을 지속시키시려고, 또 그것이 사람의 행위가 아니라 부르시는 당신께 달려 있음을 드러내시려고, "형이 동생을 섬기리라." 하고 레베카에게 말씀하셨습니다. 이는 성경에 기록된 그대로입니다. "나는 야곱을 사랑하고 에사우를 미워하였다."

그렇다면 우리가 무엇이라고 말해야 합니까? 하느님 쪽이 불의하시다는 것입니까? 결코 그렇지 않습니다. 하느님께서는 모세에게 말씀하셨습니다. "나는 내가 자비를 베풀려는 이에게 자비를 베풀고 동정을 베풀려는 이에게 동정을 베푼다." 그러므로 그것은 사람의 의지나 노력이 아니라, 하느님의 자비에 달려 있습니다. 사실 성경도 파라오에게 이렇게 말합니다. "바로 이렇게 하려고 내가 너를 일으켜 세웠다. 곧 너에게서 내 힘을 보이고, 온 세상에 내 이름을 떨치게 하려는 것이다." 이렇게 하느님께서는 당신이 원하시는 대로 어떤 사람에게는 자비를 베푸시고, 당신이 원하시는 대로 어떤 사람은 완고하게 만드십니다(로마 9,6-18).

이 본문에서 하느님께서는 당신께서 선택하시고 원하시는 사람에게만 자비와 동정을 베푸신다고 말씀하십니다. 하느님의 선택을 받지 못한 인간은 자신의 의지와 노력이 의미 없다는 것을 알고 허탈해질 것입니다. 이 본문은 이 책의 서두에서 다룬 하느님께서 이스라엘 민족을 선택하신 이유와 '레베카가 에사우의 축복을 가로채어 야곱에게 준 것이 하느님의 배타적인 선택의 결과임을 답변하고 있습니다. 여기에 하느님의 보편적인 사랑은 없습니다. 고통받고 소외된 인간에 대한 자비와 연민도 없습니다. 그리고 하느님을 향한 인간의 간절한 염원에도 불구하고 완고한 하느님을 뵙게 될 뿐입니다.

이 본문에서 바오로는 선민으로서의 이스라엘 민족적 특권을 진술하고 있습니다. 아마도 예전에는 유다인들이 구원의 상속자들이라며 이방인들을 구원에서 제외시키려 했던 상황이었다면, 바오로가 로마서를 집필할 당시는 이방인들과 유다인들의 상황이 바뀐 것으로 보입니다. 그는 이스라엘과 관련하여 하느님의 의로움에 대하여 말하고 있습니다. 이스라엘의 불신앙에도 불구하고 하느님께서는 그들에게 신실하심과 더불어 자비를 베푸시며, 이스라엘의 구원은 하느님의 선택과 하느님의 완전한 주권에 의하여 마련된다고 합니다.[34] 바오로는 유다계 그리스도인들과 이방계 그리스도인들 사이의 일치를 해치는 요인이 이방인들의 자만에 있다고 보고 이방인들에게 경고하는 것으로 보입니다.

바오로의 하느님은 이스라엘 역사 안에서 말씀하시고 행동하셨던 바로 그 하느님이시기 때문에 믿는 모든 이에게 구원을 주시는 똑같은 하느님이심을 증명해야 했습니다. 이 본문에서 구약 성경을 인용하는 것도 그런 이유 때문이라고 봅니다. 하느님의 구원 역사 안에서 이방인의 구원은 이스라엘에 대한 하느님의 약속들의 확장이지 이스라엘의 대체가 아닙니다. 바오로의 소명은 단순히 이방인 선교사만이 아니라, 이스라엘 민족 전체의 선교사라는 맥락에서 이 본문을 이해해야 된다고 봅니다.

바오로는
왜 자신의 약점을 자랑하는가?

바오로가 받은 환시와 계시

2코린 12,1-10

이로울 것이 없지만 나는 자랑하지 않을 수 없습니다. 그리고 아예 주님께서 보여 주신 환시와 계시까지 말하렵니다. 나는 그리스도를 믿는 어떤 사람을 알고 있는데, 그 사람은 열네 해 전에 셋째 하늘까지 들어 올려진 일이 있습니다. 나로서는 몸째 그리되었는지 알 길이 없고 몸을 떠나 그리되었는지 알 길이 없지만, 하느님께서는 아십니다. 나는 그 사람을 알고 있습니다. 나로서는 몸째 그리되었는지 몸을 떠나 그리되었는지 알 길이 없지만, 하느님께서는 아십니다. 낙원까지 들어 올려진 그는 발설할 수 없는 말씀을 들었는데, 그 말씀은 어떠한 인간도 누설해서는 안 되는 것이었습니다. 이런 사람에 대해서라면 내가 자랑하겠지만, 나 자신에 대해서는 내 약점밖에 자랑하지 않으렵니다. 내가 설사 자랑하고 싶어 하더라도,

진실을 말할 터이므로 어리석은 꼴이 되지는 않을 것입니다. 그러나 자랑은 그만두겠습니다. 사람들이 나에게서 보고 듣는 것 이상으로 나를 생각하지 않게 하려는 것입니다. 그 계시들이 엄청난 것이기에 더욱 그렇습니다. 그래서 내가 자만하지 않도록 하느님께서 내 몸에 가시를 주셨습니다. 그것은 사탄의 하수인으로, 나를 줄곧 찔러 대 내가 자만하지 못하게 하시려는 것이었습니다. 이 일과 관련하여, 나는 그것이 나에게서 떠나게 해 주십사고 주님께 세 번이나 청하였습니다. 그러나 주님께서는, "너는 내 은총을 넉넉히 받았다. 나의 힘은 약한 데에서 완전히 드러난다." 하고 말씀하셨습니다. 그렇기 때문에 나는 그리스도의 힘이 나에게 머무를 수 있도록 더없이 기쁘게 나의 약점을 자랑하렵니다. 나는 그리스도를 위해서라면 약함도 모욕도 재난도 박해도 역경도 달갑게 여깁니다. 내가 약할 때에 오히려 강하기 때문입니다(2코린 12,1-10).

교만한 신앙인들은 자신의 신앙에 대하여 깊은 경지에 도달한 것처럼 자랑합니다. 하느님께서는 신앙인들에게 다양한 은총을 베풀어 주십니다. 우리는 그 은총 앞에서 더욱 겸손히 기도해야 합니다. 바오로 사도는 그리스도교를 박해하다가 주님께로부터 부르심을 받아 복음을 전하게 된 사람입니다. 바오로 사도는 신비가가 아닙니다. 신비적인 체험은 하느님께서 주시는 선물입니다. 이것은 다른 이들에게 이야기해서는 안 됩니다. 어떤 은사나 체험을 했다고 자기 자랑 삼아 떠들어 대서는 안 됩니다. 은사를 받은 사람답게, 은총을 체험한 사람답게 공동체에게 모범을 보이며 일치와 평화를 이루며 살아가면 되는 것입니다. 바오로 사도는 자신이 받은 은총을 자랑하지 않고 오히려 약점을 자랑하려 합니다.

또한 바오로 사도가 자신이 받은 은사들을 말하지 않은 것은 그 계시에 대하여 말하지 말아야 할 것들이 있었기 때문입니다. 그러나 자신을 드러내고 싶어서 안달이 난 사람도 있습니다. 이 모든 것을 신앙인은 조심해야 합니다. 바오로 사도는 자신이 자만하지 않도록 하느님께서 자신의 몸에 가시를 주셨다고 말합니다. 여기서 가시가 구체적으로 무엇을 뜻하는지는 알 수 없지만 많은 이는 바오로 사도의 지병으로 알아 듣습니다. 바오로 사도는 자신의 병을 "그것은 사탄의 하수인으로, 나를 줄곧 찔러 대 내가 자만하지 못하게 하시려는 것이었습니다."(2코린 12,7)라고 이해하며 더욱 겸손하게 복음을 선포하게 만드는 계기가 된다고 밝힙니다. 바오로 사도는 이 고통에서 벗어나고자 주님께 세 번이나 청하였지만 주님께서는 "너는 내 은총을 넉넉히 받았다. 나의 힘은 약한 데에서 완전히 드러난다."(2코린 12,8)고 하시면서 그 고통을 받아들이라고 말씀하십니다.

자신의 감추고 싶은 상처를 용감하게 공개적으로 밝히며 질병의 치유를 기도드렸으나 하느님의 말씀에 승복하는 바오로 사도의 용기와 순종은 많은 것을 성찰하게 합니다. 바오로 사도는 솔직하게 자신이 저질렀던 과오와 자신의 약점들을 다 밝힙니다. 바오로 사도의 이 복음은 제가 딸아이를 하늘 나라로 보내고 난 뒤 또다시 절망의 밑바닥에서 파킨슨병이 발병하여 이중의 고통을 당할 때 저를 위로하고 육신의 장애를 사람들에게 드러낼 수 있도록 하는 용기와 타인의 시선에 상처받지 않는 힘을 얻게 해주었습니다. 그래서 부끄러운 제 이야기를 담은 졸저 『이제야 당신을 뵈었습니다』를 쓸 수 있었습니다.

예수님께서는 왜 종이 되셨을까?

일치와 겸손

필리 2,1-11

그러므로 여러분이 그리스도 안에서 격려를 받고 사랑에 찬 위로를 받으며 성령 안에서 친교를 나누고 애정과 동정을 나눈다면, 뜻을 같이하고 같은 사랑을 지니고 같은 마음 같은 생각을 이루어, 나의 기쁨을 완전하게 해 주십시오. 무슨 일이든 이기심이나 허영심으로 하지 마십시오. 오히려 겸손한 마음으로 서로 남을 자기보다 낫게 여기십시오. 저마다 자기 것만 돌보지 말고 남의 것도 돌보아 주십시오. 그리스도 예수님께서 지니셨던 바로 그 마음을 여러분 안에 간직하십시오.

그분께서는 하느님의 모습을 지니셨지만 하느님과 같음을 당연한 것으로 여기지 않으시고 오히려 당신 자신을 비우시어 종의 모습을 취하시고 사람들과 같이 되셨습니다. 이렇게 여느 사람처럼 나타나 당신 자신을 낮추시어 죽음에 이르기까지, 십자가 죽음에 이르기까지 순종하셨습니다. 그러므로 하느님께서도 그분을 드높이 올리시고 모든 이름 위에 뛰어난 이름을 그분께 주셨습니다. 그리하여 예수님의 이름 앞에 하늘과 땅 위와 땅 아래에 있는 자들이 다 무릎을 꿇고 예수 그리스도께서는 주님이시라고 모두 고백하며 하느님 아버지께 영광을 드리게 하셨습니다(필리 2,1-11).

이 본문은 '그리스도 찬가'라고도 하는데 예수 그리스도 당신 스스로를 비우셨다는데 초점이 있습니다. 그리스도의 '자기 비움'(Kenosis)은 인간과 똑같이 된 사건, 곧 육화를 지칭하고 있음을 알 수 있습니다. 본디 신적 본성을 지닌 예수 그리스도께서는 굳이 하느님과 동등한 존재가 되시려고 하지 않으시고 오히려 당신 스스로를 비워 종의 모습을 취하시고 우리와 똑같은 인간이 되셨다는 것입니다. 당신은 스스로를 낮추시어 십자가 죽음에 이르기까지 순종하셨다는 것입니다. 이 찬가의 목적은 그리스도의 자기 비움, 곧 그리스도의 자기 낮춤과 순종을 가르치는데 있습니다. 스스로를 비우시고, 스스로 자기를 낮추시며, 십자가 죽음에 이르기까지 스스로 순종하셨던 삶이야말로 그리스도의 진정한 모습이며, 그것은 우리 신앙인들이 따라야 할 길인 것입니다. 자기 비움의 결과 그리스도는 전보다 더 높은 자리에 오르셨습니다. 그분의 이름 앞에 우주 만물이 무릎을 꿇도록 하셨으며, 예수 그리스도를 '주님'(kyrios)이라고 고백하게 하셨습니다. 그리스도 찬가에서 예수님께서는 당신의 영광이 아니라, 하느님께

영광을 돌리기 위하여 존재하십니다.[35]

　예수 그리스도께서 당신 스스로를 낮춘 결과는 높여짐입니다. 하느님의 아드님께서는 케노시스를 통해서 하느님의 아드님이시기를 포기하셨고, 그로써 그분은 진정 하느님의 아드님으로 높여지셨습니다. 자기 비움의 극치이며 케노시스의 상징이 바로 예수님의 '십자가 사건'입니다. 예수님의 케노시스적 삶은 고통받는 이들과의 자기 일치를 통해서 구체적으로 실현됩니다. 예수 그리스도 안에서 새로운 생명, 새로운 신앙인으로 거듭나려면 먼저 철저한 자기 부정, 곧 자기 비움이 선행되어야 합니다. 그때 "이제는 내가 사는 것이 아니라 그리스도께서 내 안에 사시는 것입니다."(갈라 2,20)라는 바오로의 고백은 그리스도인의 현실이 됩니다.

　바오로는 일치와 겸손을 권고하면서 특별히 예수 그리스도의 자기 낮춤을 참된 겸손의 모범으로 제시합니다(필리 2,6-11 참조). 오늘날 교회와 그리스도인들이 겸손하게 자기를 낮추는 자세를 지닌다면 하느님 안에서 하나가 되어 그분의 사랑을 드러낼 수 있지 않겠습니까?

우리는 항상 기도하고 감사하는가?

바오로의 마지막 권고

1테살 5,16-18

언제나 기뻐하십시오. 끊임없이 기도하십시오. 모든 일에 감사하십시오. 이것이 그리스도 예수님 안에서 살아가는 여러분에게 바라시는 하느님의 뜻입니다(1테살 5,16-18).

바오로의 이 권고는 하느님께서 인간에게 바라시는 신앙의 자세를 제시하고 있습니다. 우리는 일시적으로 기뻐하고 기도하며 감사드릴 수는 있습니다. 그러나 어떤 상황에서도 항상 기뻐하고 기도하며 감사드린다는 것은 참으로 어려운 일인 듯 싶습니다. 우리의 삶이 어떻게 흘러가는지는 오직 하느님만이 아시지만 한 가지 분명한 것은 우리의 삶이 기쁜 일과 감사할 일만 있지 않다는 것입니다. 지금까지 자신에게 주어진 시간을 어떻게 보냈는지 성찰해 보면 많은 기쁨과 고통과 슬픔의 강을 건너왔음을 알게 됩니다. 저는 이 권고를 온전히 기뻐하고 감사할 수 없는 삶이라 할지라도 하느님께 끊임없는 기도를 통하여 위로받아야 한다는 말씀으로 이해합니다. 아무리 신앙에 대한 좋은 원의가 있다고 하더라도 실천이라는 열매가 없다면 무슨 의미가 있겠습니까? 저는 하느님께서 기도하고 있는 우리를 보고 계신다는 것을 믿습니다.

우리는 신학 서적을 읽고 학습을 통해 하느님을 탐구하지만, 그분과 교감할 수 있는 것은 오직 기도 안에서라고 봅니다. 끊임없이 기도하고 묵상하며 실행해야 합니다. 어떻게 항상 기쁠 수 있겠습니까? 세상의 모든 사람에게는 저마다의 십자가가 있습니다. 고통의 십자가를 통하여 일상의 평범한 삶이 얼마나 기쁘고 감사해야 하는지를 알게 된다고 봅니다. 바로 고통의 열매를 얻게 되는 것입니다.

하느님의 사랑을 믿으십니까?

하느님은 사랑이십니다

1요한 4,15-21

누구든지 예수님께서 하느님의 아드님이심을 고백하면, 하느님께서 그 사람 안에 머무르시고 그 사람도 하느님 안에 머무릅니다. 하느님께서 우리에게 베푸시는 사랑을 우리는 알게 되었고 또 믿게 되었습니다.

하느님은 사랑이십니다. 사랑 안에 머무르는 사람은 하느님 안에 머무르고 하느님께서도 그 사람 안에 머무르십니다. 사랑이 우리에게서 완성되었다는 것은, 우리도 이 세상에서 그분처럼 살고 있기에 우리가 심판 날에 확신을 가질 수 있다는 사실에서 드러납니다. 사랑에는 두려움이 없습니다. 완전한 사랑은 두려움을 쫓아냅니다. 두려움은 벌과 관련되기 때문입니다. 두려워하는 이는 아직 자기의 사랑을 완성하지 못한 사람입니다. 우리가 사랑하는 것은 그분께서 먼저 우리를 사랑하셨기 때문입니다. 누가 "나는 하느님을 사랑한다." 하면서 자기 형제를 미워하면, 그는 거짓말쟁이입니다. 눈에 보이는 자기 형제를 사랑하지 않는 사람이 보이지 않는 하느님을 사랑할 수는 없습니다. 우리가 그분에게서 받은 계명은 이것입니다. 하느님을 사랑하는 사람은 자기 형제도 사랑해야 한다는 것입니다(1요한 4,15-21).

요한의 첫째 서간에서는 그리스도교 신앙의 핵심인 하느님 사랑을 한마디로 표현하고 있습니다. "하느님은 사랑이십니다. 사랑 안에 머무르는 사람은 하느님 안에 머무르고 하느님께서도 그 사람 안에 머무르십니다"(1요한 4,16).

그리스도인이 된다는 것은 하느님의 사랑을 믿게 되었다는 것입니다. 요한 복음은 "하느님께서는 세상을 너무나 사랑하신 나머지 외아들을 내주시어, 그를 믿는 사람은 누구나 … 영원한 생명을 얻게 하셨다."(요한 3,16)고 기록하고 있습니다. 구약의 신명기에서는 "이스라엘아, 들어라! 주 우리 하느님은 한 분이신 주님이시다. 너희는 마음을 다하고 목숨을 다하고 힘을 다하여 주 너희 하느님을 사랑해야 한다."(6,4-5)고 전하고, 예수님께서는 "네 이웃을 너 자신처럼 사랑해야 한다."(레위 19,18; 마르 12,29-31)고 말씀하시며, 하느님 사랑과 이웃 사랑의 계명을 제시하십니다. 이 계명을 따르는 것은 하느님 사랑의 은총에 대한 응답입니다.

인간에 대한 하느님의 사랑은 '용서하시는 사랑'이기도 합니다. 곧 '십자가의 신비'입니다. 하느님께서는 스스로 인간이 되시고 십자가에 매달리셨습니다. 예수님의 육화가 하느님의 사랑이십니다. 고통받는 인간을 찾아 나서시는 예수 그리스도의 사랑이십니다. 예수님의 십자가 위 죽음은 하느님께서 인간을 구원해 주시고자 당신 자신을 내어 주시는 행위입니다. 그것은 진정한 사랑입니다. 예수님께서는 당신 자신을 바치는 이 행위가 영원히 현존케 하시려고 성체성사를 제정하셨습니다. 우리는 그분의 몸과 피를 나눔으로써 하느님과 결합하게 됩니다. 성체성사를 통하여 우리는 빵을 함께 나누어 먹습니다. 성체성사에서 그리스도와 이루는 일치는 그리스도께서 당신 자신을 내어 주시어 많은 이와 이루는 일치이기도 합니다.

영성체는 자신에게서 벗어나 그분과 이루는 일치를 지향하도록 해 줍니다. 예수님께서는 당신 자신을 가난한 사람들, 굶주린 사람들, 목마른 사람들, 나그네, 헐벗은 사람들, 병든 사람들, 감옥에 갇힌 사람들과 동일시하셨습니다. "너희가 내 형제들인 이 가장 작은 이들 가운데 한 사람에게 해준 것이 바로 나에게 해 준 것이다."(마태 25,40)라고 말씀하시면서, 하느님 사랑과 이웃 사랑은 하나가 되었습니다.[36] 우리가 마지막 날에 우리의 삶에 대한 최종적 판단 기준은 '고통받는 이웃에게 사랑을 실천했는가?'일 것입니다.

요한 묵시록이 우리에게
마지막으로 전하려는 것은 무엇일까?

요한 묵시록

요한 묵시록은 1세기 말경 로마 황제의 속국이었던 소아시아의 일곱 교회에 편지의 형태로 보내어진 계시입니다. 로마 황제의 지배하에 박해받던 교회의 그리스도인들이 고통과 억압 속에서 하느님 나라의 도래를 기다리는 염원이 담긴 신앙 고백이 묵시 문학의 양식으로 표현되었습니다. 요한 묵시록은 신약 성경의 마지막 본문입니다. 예수 그리스도의 공적 계시에 관한 내용으로서 종말, 심판, 재림을 연상시키면서 우리의 이해를 넘어 많은 의문을 들게 합니다. 묵시록을 읽을 때는 상징적 표현이 의미하는 신학적 메시지에 주의 깊게 접근해야 합니다. 중요한 것은 글자 하나하나가 아니라, 그 글이 전하고자 하는 메시지입니다. '예수 그리스도의 재림'(parousia)을 통한 마지막 공심판으로 하느님의 나라가 완성되어, 인간이 궁극적인 구원에 이르게 되고 산 이와 죽은 이 모두가 부활하여, 최후의 심판으로 각자의 영원한 삶이 결정된다는 것이 요한 묵시록의 내용입니다. 예수 그리스도께서도 그날이 언제인지는 하느님 이외에는 아무도 알 수 없다고 하셨습니다. 그 마지막 심판 날의 불확실성 때문에 많은 혼란과 더불어 불순한 목적을 지닌 자의적인 해석으로 말미암은 많은 문제가 야기되고 있습니다.

묵시록은 암호와 상징체계라는 독특한 표현 기법으로 메시지를 전달하고 있습니다. 묵시록을 종말에 대한 예언이라고 정의하는 왜곡된 현상에 대하여 묵시록은 미래에 발생하게 될 사건을 미리 예측하는 것이 아니라, 하느님의 뜻을 신학적으로 밝히는 문학적, 신학적 산물이라고 정의합니다. 묵시 문학 발생의 역사적 배경은 이스라엘이 외세의 침략과 존폐의 위기를 맞게 되면서 비로소 자신들의 영혼에 힘이 될 무엇을 찾기 시작했고, 그 귀착점은 언제나 그들과 고통 속에 함께 계신 '야훼 하느님'이었고 진술합니다. 묵시 문학은 기원전 587년 바빌론 유배 사건으로 이스라엘의 존재 자체가 뿌리째 흔들리게 되어, 하느님에게 선택되었다고 믿어 오던 자기 정체성이 붕괴되고, 귀환은 희망 대신 회의와 불신, 절망이라는 비관적 현실 속에서 탄생되었다고 설명합니다. 이러한 정치적 혼란과 박해 속에서 유다인들은 고통과 억압에 대한 신학적 대응을 강구하였고, 그 신앙 고백이 바로 묵시 문학이었다고 합니다.

요한 묵시록을 이해하려면 묵시 문학의 독특한 표현 방식인 추상성과 상징, 암호, 꿈, 환시(vision), 현현(epiphany), 천사와의 담화

(discourse with angel), 신화 등의 사용으로 작가의 주관적이고 개별적인 언어를 해독해 내는 안목과 기술이 필요하다고 봅니다. 특히 묵시 문학의 궁극적 기능이 예언이나 미래에 대한 정확한 예견에 있지 않습니다. 묵시 문학의 신비적 기술은 사이비 종교에 이용되기는 했지만, 묵시 문학의 난해한 해석 과정을 삶과 죽음, 고통과 절망을 넘어서는 인간의 존재론적 창의력으로 해석한다고 봅니다. 또한 묵시 문학의 우주적 상징인 하늘, 태양, 달, 천둥, 우뢰 등이 표현하는 파괴적이고 폭력적인 장면과 묵시 문학에 등장하는 괴물과 동물들은 인간보다 우월한 존재로 그려지지만, 그것은 이들보다 더 우월하신 하느님의 결정적인 승리를 어린 양으로 상징되는 예수 그리스도 구원 능력의 표상이라고 봅니다.

묵시록에서 말하는 그날은 일반적 시간 개념에서의 그날이 아니라, 신학적 의미에서의 그날이라고 합니다. 우리를 구원하신 그분이 오시리라는 믿음 속에서 그분을 기다리며 현재를 소중하고 성실히 살 수 밖에 없다는 확신과 현재를 성실히 사는 것이 하느님을 기다리는 인간의 진정한 자세임을 강조합니다. 결국 묵시록의 신학적 의미는 구원은 자신의 힘과 능력에 있지 않고 오로지 하느님의 때가 올 때 그분으로부터 온다고 정의하는 것입니다.[37]

맺는 말

 지난여름 온 시간을 이 이야기에 쏟았습니다. 부끄러움이 앞
섭니다. 창세기부터 마지막 요한 묵시록까지 오랫동안 의문을
가졌던 성경 본문에 대하여 지극히 인간적이고 솔직한 관점으로
이야기를 풀어 보았습니다. 부족한 인간의 관점에서 이해할 수
없는 하느님의 선택과 말씀에 대하여 질문을 던지고 저의 이해
의 한계 안에서 느끼는 생각을 진술해 보았습니다. 하느님께로
부터 선택받지 못한 이의 관점에서 접근해 보려 했습니다. 그러
면서 혹시 하느님과 예수 그리스도의 자비하신 사랑에 누가 되
지는 않았는지 두렵습니다. 그렇지만 제가 이 이야기에서 궁극
적으로 드러내려는 내용이 하느님의 인간에 대한 연민이라는 점
을 주님께서는 이미 알고 계실 것이라 믿습니다.
 꽤 많은 시간을 신학에 매진했지만, 저 자신의 신학적 무지에
대해서만 다시 한 번 확인할 수 있었던 시간이었습니다. 신학은
너무나도 긴 역사 속에서 집대성되었기 때문에 신학적인 깊은

성찰과 신학의 원천을 이해할 수 있는 외국 언어들의 능력이 요구되기 때문입니다. 그럼에도 보통 사람의 관점에서 성경을 읽고 학습하면서 의문을 가졌던 본문들을 질의응답 형식으로 시도해 보았습니다. 그런 의미로 이 책이 읽혀진다면 좋겠습니다.

혹시 주님께서 멀리 계시다고 생각하는 분들이 이 이야기 속에서 주님을 뵐 수 있으시기를 기도드리며 마무리합니다.

끝으로 이 책이 출간될 수 있도록 애써 주신 박현준 교수님과 이 책의 산파 역할을 해 주신 리북의 김옥자 실장님, 교열 작업을 기꺼이 맡아 주신 김진배 님, 추천의 글을 가슴으로 써 주신 홍태희 님과 여러분들의 격려와 사랑이 없었다면 이 책의 출간이 불가능했음을 밝히면서 깊이 감사드립니다.

미주

1 한국천주교주교회의, 제2차 바티칸 공의회 문헌, 현대 세계의 교회에 관한 사목 헌장「기쁨과 희망」, 1969, 209

2 조셉 캠벨(Joseph Campbell), 빌 모이어스(Bill Moyers), 『신화의 힘(The Power of Myth)』, 역자 : 이윤기, 21세기 출판사, 2002, 200-201 참조 / 농부(카인)와 양치기(아벨)가 반목하고 여기에서 당하는 것은 농부이다. 이것은 농경 문화권을 정복하고 피정복자인 농경민들을 욕보인 수렵민족 혹은 유목 민족의 신화가 반영되었기 때문인 것으로 보인다.

3 한국교회사연구소, 『한국가톨릭대사전』, 한국교회사연구소 편집부 엮음, 2006년 참조

4 구스타보 구티에레즈(Gustavo Gutierrez), 『욥에 관하여』, 김수복 · 성찬성, 분도 출판사, 1990, 30

5 구스타보 구티에레즈(Gustavo Gutierrez), 『욥에 관하여』, 김수복 · 성찬성, 분도 출판사, 1990, 136, 221

6 실비오 호세 바에스(Silvio Joseé Baáez), 「욥기에 나타난 하느님의 답변-대화와 현시」, 이건 옮김, 신학전망(160), 2008. 3, 121-125

7 실비오 호세 바에스(Silvio Joseé Baáez), 「욥기에 나타난 하느님의 답변-대화와 현시」, 이건 옮김, 신학전망(160), 2008. 3, 125

8 코헬렛이 우리에게 전달하려는 메시지에 대한 질문(허무를 이야기 하고 있는가? 영원한 삶을 이야기 하고 있는가?)을 요약해 정리했음.

9 이유미, 「아가의 반전(反轉)의 신학」, 구약논단 20(2), 2014, 156-185 참조

10 김수천, 「아가에 나타난 에로스 사랑에 대한 영성신학적 분석」, 신학과 실천, 2013, 35, 507-535 참조

11 이집트인과 가나안인의 관점에서 하느님의 보편적 자비에 대하여 지혜서 전체 본문에서 정리함.

12 마빈 스위니, 「이사야서의 해결되지 않은 과제들」 정석규, 구약논단, 18:1, 2012, 222-240 참조

13 버나드 W. 앤더슨, 『구약신학』, 최종진 옮김, 한들출판사, 2001, 231-274 참조

14 제임스 해밀턴 찰스위드(J. H. Charlesworth), 「The Messiah/From Messianology To Christology」, Fortress Press, 2009 참조

15 노성기, 『교부들을 따라서, 가라지의 비유』(마태 13,24-30), 사목정보, 3(4), 2010, 52-54 참조

16 송창현, 「정의(正義)와 정의(定義)」 생태 영성으로 보는 샬롬과 살림의 성경 읽기(24) 참조

17 김기현, 『가룟 유다 딜레마: 가룟 유다에 비추어 본 진짜 기독교』 서울: IVP, 2008 참조

18 강영옥, 「뜻으로 본 성경-행복 선언」 갈라진 시대의 기쁜소식, 1998, 324, 9-11 참조

19 전대경, 「복음주의 성서해석학적 관점에서 본 "이웃됨"의 의미 - 누가복음의 '선한 사마리아인' 이야기를 중심으로」 조직신학연구 제26호, 2017 참조

20 신교선, 「마르타와 마리아' 일화 이해(루카 10, 38-42)」 가톨릭신학 제3호(2003/겨울), 한국가톨릭신학학회, 303-327 참조

21 김득중, 「어리석은 부자 이야기(누가복음 12장 12~16절)」 새가정, 1993, 70-73 참조

22 기민웅, 「예수님의 사건과 비유(6)] 돌아온 아들과 아버지의 기쁨」 기독교사상, 2010, 78-89 참조

23 이민규, 「불의한 청지기의 비유(눅 16:1-84)에 대한 사회학적 연구」 일림 논총 제8집, 175-199 참조

24 준 오스본/크리스 서그덴(June Osborne/Chris Sugden), 『누가복음』 한국성서 유니온, 서울, 1992, 82

25 요제프 라칭거(Joseph Ratzinger), 『나자렛 예수 1; 예수님의 세례부터 거룩한 변모까지』 박상래 옮김, 서울, 바오로딸, 2012, 320-327

26 정태현, 『요한 복음서의 핵심 주제』 생활성서, 1997.9 참조

27 송봉모, 『요한 복음 1-4장, 삶의 우물가에 오신 말씀』 바오로딸, 2011, 174-185

28 요아킴 예레미아스(Yachim Jeremias), 『예수 시대의 예루살렘』 388-389 참조

29 여성삼, 「손가락으로 쓴 글-요한 복음 8:1-11」 기독교사상, 2000, 44(2), 7-13 참조

30 현경식, 「요한 복음 8장에 나타난 기독론적 신론」 신약논단, 2014, 21(4), 955-992

31 프란치스코 교황 / 강론, 무덤에서 나와 예수님을 만납시다, 2017.3.4 참조

32 칼-빌헬름 니부어, 김영남, 『현재의 성서주석적 토론에서 본 바울로의 의화론』 Catholic Theology and Thought (34), 2000.12, 179-209(31 pages), 신학과사상 학회, The Society of Theology and Thought

33 김재성, 「아담의 불순종과 그리스도의 순종」 참조

34 소기천, 「제2의 종교개혁 : 로마서 9-11장을 중심으로」 참조

35 황현숙, 「그의 길, 우리의 길 - 섬김의 원형으로서의 빌립보서 2장 6-11절」 설교를 위한 성서 연구 참조

36 교황 베네딕토 16세의 회칙, 「하느님은 사랑이십니다」(Deus Caritas est), 2005.12.25. 반포

37 김혜윤, 『봉인된 시선을 넘어(묵시 문학에 대한 새로운 이해)』 생활성서, 2003 참조

말씀에 묻다

성경에 대한 참으로 인간적인 질문과 응답

초판 1쇄 발행 | 2019년 12월 20일

지은이 | 김영수
펴낸이 | 이재호
펴낸곳 | 리북
등 록 | 1995년 12월 21일 제406-31800002510019995000144호
주 소 | 경기도 파주시 광인사길 17, B동 4층(문발동)
전 화 | 031-955-6435
팩 스 | 031-955-6437
홈페이지 | www.leebook.com

정 가 | 12,000원
ISBN | 978-89-97496-59-4

이 도서의 국립중앙도서관 출판예정도서목록(CIP)은
서지정보유통지원시스템 홈페이지(http://seoji.nl.go.kr)와
국가자료종합목록 구축시스템(http://kolis-net.nl.go.kr)에서 이용하실 수 있습니다.
(CIP제어번호 : CIP2019050146)